Die Autorinnen

Gabriele Bechler-Minack	Rechtsanwältin in Hamburg-Altona
Sabine Bley	Rechtsanwältin in Leipzig-Mitte
Renate Eckoldt	Rechtsanwältin in Hamburg / Innenstadt
Gisela Frederking	Rechtsanwältin in Hamburg-Wandsbek
Gisela Friedrichs	Rechtsanwältin in Hamburg-Harburg / Wilhelmsburg
Gisela Gebauer-Jipp	Rechtsanwältin in Hamburg-Groß Borstel
Angelika Gregor	Rechtsanwältin in Hamburg-Altona
Renate Hanneberg	Rechtsanwältin in Leipzig-Reudnitz
Barbara Hüsing	Rechtsanwältin in Hamburg-Mitte
Dr. Ursula Janczyk	Juristin
Christl Jürgens	Rechtsanwältin in Hamburg-Eidelstedt
Bettina Meinhardt	Rechtsanwältin in Leipzig-Mitte
Nanette Mramor	Rechtsanwältin in Hamburg-Mitte
Ursel Müller-Fahron	Rechtsanwältin und Notarin in Norderstedt
Barbara Münscher	Rechtsanwältin in Hamburg-Altona
Sigrid Nolte-Schefold	Rechtsanwältin in Frankfurt / Main
Bärbel Pfeiffer-v. Bültzingslöwen	Rechtsanwältin und Notarin in Norderstedt
Susanne Pötz-Neuburger	Rechtsanwältin in Hamburg-Harburg / Wilhelmsburg
Petra Rogge	Rechtsanwältin in Hamburg-Rotherbaum
Anita Roggen	Juristin
Sabine Scholz	Juristin
Brigitte Steininger	Richterin am Familiengericht Hamburg
Heike Wagner	Rechtsanwältin in Hamburg / Innenstadt
Ursula Wens	Rechtsanwältin in Hamburg-Harvestehude
Christel Zimmermann	Rechtsanwältin in Leipzig-Reudnitz

Scheidungsratgeber

von Frauen für Frauen

Vollständig überarbeitete
und erweiterte Neuausgabe
(Stand: Juli 1998)

rororo
Rowohlt

114.–117. Tausend September 1999

Originalausgabe
Veröffentlicht im Rowohlt Taschenbuch Verlag GmbH,
Reinbek bei Hamburg, November 1987

Umschlaggestaltung Susanne Müller
Zeichnungen Birgit Kiupel
Satz Concorde (PageOne)
Gesamtherstellung Clausen & Bosse, Leck
Printed in Germany
ISBN 3 499 60736 0

Inhalt

2. Kapitel
Wohnungsfragen

3. Kapitel
Was wird aus den Kindern?

4. Kapitel

Wovon lebe ich während der Trennungszeit?

5. Kapitel

Steuern

6. Kapitel

Ich will mich scheiden lassen

9. Kapitel

Was habe ich vom Versorgungsausgleich zu erwarten?

10. Kapitel

Was sind die Besonderheiten in den neuen Bundesländern?

Anhang

Vorwort

Dies ist ein Buch von Frauen für Frauen. Es ist eine Gemeinschaftsarbeit von 25 Juristinnen aus Hamburg, Schleswig-Holstein und Leipzig, in der sich vor allem unser Wissen und unsere jahrelange Praxis in der Vertretung von Frauen in Familiensachen widerspiegeln.

Der Anlaß, ein Buch mit einem speziell auf Fraueninteressen ausgerichteten Inhalt zu schreiben, waren Erfahrungen, die einige von uns schon Ende der 70er Jahre mit einer Gruppe für getrenntlebende Frauen und einer Frauenberatungsstelle im Hamburger Arbeiterstadtteil Wilhelmsburg machten: Die meisten Frauen hatten keine Vorstellung von ihren Rechten in der Ehe und bei Trennung und Scheidung; die wenigen Rechtsratgeber hatten eher die Vermögensinteressen der Ehemänner als die Sorgen der Ehefrauen im Auge.

Deshalb war es unser Anliegen,

- juristisch einwandfrei und zugleich verständlich die Rechte von Frauen bei Trennung und Scheidung aufzuzeigen;
- von den Interessen der Frauen auszugehen, wobei wir wissen, daß diese Interessen nicht bei allen Frauen gleich gelagert sind;
- praktische Hinweise zu geben und die Probleme zu besprechen, die im Zusammenhang mit Trennung und Scheidung auftreten können. Dabei haben wir die einzelnen Situationen von Trennung bis nach der Scheidung dargestellt.

Dieses Buch soll einen Beitrag dazu leisten, daß Frauen sich über ihre Rechte informieren und diese auch durchsetzen können. Es sind immer noch die Frauen, die sich vorrangig um Familie und Haushalt kümmern und deshalb oft ihre eigenen Bedürfnisse in der Ehe zurückstellen. Wir möchten Frauen ermutigen, die Trennung vom Ehemann auch als Möglichkeit zu einem weniger abhängigen Neuanfang zu begreifen.

Selbständigkeit bedeutet heute auch, materiell unabhängig zu sein, also einen Beruf und eigenes Einkommen zu haben. Dies wird nicht allen Frauen möglich sein. Frauen, die bei Heirat oder nach der Geburt von Kindern ihre Berufstätigkeit aufgegeben haben, erfahren häufig große Hindernisse beim Versuch eines Wiedereinstiegs in das Erwerbsleben. Frauen, die nach der Trennung Kinder zu versorgen haben, werden häufig kein oder wenig eigenes Einkommen haben. Manche Frauen sind bei der Scheidung schon älter oder krank. In all diesen Fällen wird die Frau auf Unterhaltszahlungen des Ehemannes angewiesen sein.

In vielen Fällen wird das Einkommen des Ehemannes nicht ausreichen, um den Unterhalt von Frau und Kindern sicherzustellen. Deshalb haben wir auch dargestellt, von welchen staatlichen Stellen diese Frauen Unterstützung beziehen können.

Allerdings sind heute viele Frauen trotz der Versorgung ihrer Kinder berufstätig, ihr Einkommen ist aber nicht ausreichend. Oder die Kinder leben beim Ehemann, und die Frau soll Unterhalt zahlen. Auch für die Beurteilung solcher Unterhaltsprobleme geben wir Hilfestellung.

Damit Sie unsere Ratschläge auch umsetzen können, haben wir Musterbriefe mit erfundenen Namen und Adressen entworfen. Dabei bedeutet die Verwendung der Hamburger Anschrift, daß die Frau in der Ehewohnung geblieben ist; die Berliner Anschrift haben wir verwendet, wenn es um die An-

gelegenheiten einer Frau geht, die aus der Ehewohnung ausgezogen ist.

Unser Ratgeber kann nur allgemein über die Rechte bei Trennung und Scheidung informieren. Für die betroffene Frau wird aber anwaltlicher Rat unentbehrlich sein, der ihre individuelle Situation berücksichtigt. Diesen kann und will unser Buch nicht ersetzen.

Die erste Fassung unseres Scheidungsratgebers von Frauen für Frauen erschien 1978. In der Überarbeitung 1993 wurde ein Kapitel über Besonderheiten in den neuen Bundesländern hinzugefügt, das Leipziger Kolleginnen verfaßt haben.

In dieser vorliegenden Fassung haben wir die Reformen des Kindschaftsrechts und des Kindesunterhaltsrechts 1998 sowie die neuere Rechtsprechung der Familiengerichte berücksichtigt.

Wir wollen nicht nur die Durchsetzung Ihrer berechtigten Interessen fördern, sondern Ihnen durch Darstellung der oft schwierigen Rechtslage auch Hilfestellung zu gütlicher Einigung bei Trennung und Scheidung geben. Ein Aufeinanderzugehen bei der Regelung von Scheidungsfolgen kann viele Verletzungen und Belastungen, gerade auch für die Kinder, vermeiden helfen, wenn beide Ehepartner einen Schritt in Richtung Einigung gehen. Wir ermutigen dazu in vielen Zusammenhängen und informieren im 1. Kapitel über Vereinbarungen anläßlich von Trennung und Scheidung sowie über die Möglichkeiten und Grenzen der Mediation.

Soweit noch rechtliche Besonderheiten für die neuen Bundesländer gelten, haben wir diese im 10. Kapitel dargestellt.

Die Autorinnen im Juni 1998

1. Kapitel

Ich will mich von meinem Mann trennen

Das Scheidungsrecht wurde 1977 grundlegend neu gestaltet.

Das Schuldprinzip des früheren Scheidungsrechts wurde durch das Zerrüttungsprinzip ersetzt. Eheleute können sich heute scheiden lassen, ohne daß einer dem anderen Schuldvorwürfe machen muß. Sie werden geschieden, wenn Sie mindestens ein Jahr von Ihrem Ehemann getrennt leben und das Gericht feststellt, daß die Ehe zerrüttet ist. Es ist deshalb «erlaubt», sich vom Ehemann zu trennen, und es ist unwichtig, wer von beiden Eheleuten die Trennung vollzieht. Ein «böswilliges Verlassen» gibt es nicht mehr. Die Entscheidung, sich zu trennen, hat heute keinen Einfluß mehr auf eventuelle Unterhaltsansprüche gegen Ihren Ehemann oder auf das Sorgerecht für die Kinder. Wenn Sie sich von Ihrem Ehemann trennen, um zu einem anderen Mann zu ziehen, und mit diesem zusammenleben, könnte dies allerdings nachteilige Auswirkungen auf Ihren Unterhaltsanspruch haben (siehe hierzu auch das 7. Kapitel über Unterhalt).

Das Zusammenleben mit einem anderen Mann verhindert jedoch nicht, daß Sie nach einem Jahr Trennung und Zerrüttung trotzdem geschieden werden.

Aufgrund unserer Erfahrung empfehlen wir Ihnen, sich bei einer Anwältin über Ihre Rechte zu informieren, bevor Sie sich trennen.

1. Was heißt Getrenntleben, und wann wird die Trennungszeit unterbrochen?

Ein Getrenntleben im Sinne des Gesetzes liegt sicherlich dann vor, wenn Sie oder Ihr Ehemann aus der Ehewohnung ausgezogen sind. Schwieriger ist die Abgrenzung, wenn Sie oder Ihr Ehemann nicht gleich eine neue Wohnung finden, sondern das Getrenntleben innerhalb der Ehewohnung durchführen wollen. In einem solchen Fall wird eine räumliche Aufteilung der Ehewohnung verlangt, außerdem dürfen Sie mit Ihrem Ehemann keinen gemeinsamen Haushalt mehr führen, d.h. ihn nicht versorgen, wie z.B. Wäsche waschen, Hemden bügeln, für ihn kochen.

Schon zu diesem Zeitpunkt ist es ratsam, getrennte Kassen einzuführen. Wenn Sie selbst Einkommen haben, sollten Sie sich ein eigenes Konto einrichten, auf das von jetzt an Ihre Einkünfte überwiesen werden.

Damit es in einem späteren Scheidungsprozeß keinen Streit über den Trennungszeitpunkt gibt, ist es wichtig, ihn festzule-

gen. Dieses kann z. B. durch ein Schreiben Ihrer Anwältin an Ihren Ehemann geschehen oder auch durch ein Schreiben, das Sie selbst an Ihren Ehemann richten. Vergessen Sie nicht einen Durchschlag für sich selbst. Es ist gleichgültig, ob Ihr Ehemann mit der Trennung einverstanden ist oder nicht. Es kommt nur auf Ihren Willen und Ihre Erklärung an sowie darauf, daß die Trennung wirklich vollzogen wird.
Wir haben für Sie folgenden Musterbrief entworfen:

Traute Stark
Am Markt 17
20357 Hamburg

Persönlich

Herrn
Hans Stark
bei Firma …
(Arbeitsstelle) Hamburg, den …

Um Unklarheiten zu vermeiden, möchte ich Dir mitteilen, daß ich ab sofort von Dir getrennt leben werde.

Solange wir noch auf unsere gemeinsame Wohnung angewiesen sind, werde ich mir meinen eigenen Lebensbereich im bisherigen Wohnzimmer schaffen; Dir steht das andere Zimmer zur Verfügung.
Ich werde in Zukunft weder für Dich kochen noch Deine Wäsche waschen.
Bitte, halte Dich daran!

Traute

Die Trennungszeit wird nicht unterbrochen, wenn Sie für eine «kürzere Zeit» wieder mit Ihrem Mann zusammenleben, sich dann aber wieder trennen, der «Versöhnungsversuch» also gescheitert ist. Auch ein gemeinsamer Urlaub unterbricht die Trennungszeit nicht. Gelegentliche Besuche oder ein von vornherein zeitlich begrenztes Zusammenleben sind ebenfalls unproblematisch.

2. Streit um die Ehewohnung

Wenn Sie allein oder mit den Kindern die Ehewohnung behalten wollen, Ihr Ehemann aber nicht bereit ist auszuziehen, können Sie gerichtliche Hilfe in Anspruch nehmen. Das Gericht kann Ihnen die Ehewohnung vorläufig zur alleinigen Nutzung zuweisen. Voraussetzung ist allerdings, daß nur auf diese Weise eine «schwere Härte» vermieden werden kann. Bei der Beurteilung der «schweren Härte» stehen Fälle der Mißhandlung oder der Bedrohung von Ehefrau und Kindern im Vordergrund. Wegen der Schwierigkeiten, eine passende Wohnung zu finden, kann das Familiengericht die Ehewohnung auch zwischen Ihnen und Ihrem Mann zur Benutzung aufteilen. Vergleiche dazu im einzelnen 2. Kapitel (Seite 38ff.).

3. Belästigung durch den Ehemann nach Auszug

Zieht Ihr Ehemann aus, kommt aber trotzdem häufig in die Ehewohnung zurück und belästigt Sie, können Sie beim Familiengericht einen Antrag stellen, daß ihm das Betreten der Ehewohnung verboten wird. Ist Ihr Mann endgültig ausgezogen, dürfen Sie im übrigen ein neues Schloß einbauen lassen.

Wenn Ihr Mann Sie auch weiterhin nicht in Ruhe läßt, indem er Sie z.B. beleidigt, bedroht oder gar mißhandelt, dann können Sie ihm dieses Verhalten durch das Gericht verbieten lassen. Gleiches gilt, wenn Ihr Mann an Ihrer Arbeitsstelle anruft oder vor Ihrem Hauseingang auf Sie wartet, um z.B. ein Gespräch mit Ihnen zu erzwingen, oder Sie anderweitig belästigt und verfolgt. Ergeht ein Beschluß des Familiengerichts, der Ihrem Mann ein solches Verhalten verbietet, und hält sich Ihr Mann nicht an den Beschluß, so kann ihm auf Antrag ein Zwangsgeld oder sogar Zwangshaft auferlegt werden.

4. Woran sollte ich unbedingt denken, wenn es zur Trennung kommt?

Nehmen Sie Ihre gesamten persönlichen Unterlagen an sich: Geburtsurkunde, Heiratsurkunde, Ausweispapiere, Zeugnisse, Sparbücher, Krankenversicherungskarte, Sozialversicherungsausweis, Lohnsteuerkarte, den letzten Einkommensteuerbescheid, sonstige Arbeitspapiere. Notieren Sie Mitglieds- bzw. Versicherungsnummer Ihres Ehemannes bei der Kranken- und Sozialversicherung.

Wenn Sie zusammen mit den Kindern ausziehen, denken Sie auch an deren Unterlagen: Geburtsurkunden, Kinderpässe, Impfpässe, Schulzeugnisse, Sparbücher.

Wenn Sie für sich oder die Kinder Unterhalt von Ihrem Ehemann verlangen wollen, fotokopieren Sie zusätzlich die Einkommensnachweise z.B. Verdienstbescheinigungen, Lohn- und Gehaltsabrechnungen Ihres Ehemannes (möglichst für die letzten zwölf Monate). Achten Sie auch auf evtl. Zahlungen von Urlaubs- und Weihnachtsgeld. Für den Fall, daß Ihr Ehemann selbständig ist, fotokopieren Sie die letzten drei Ein-

kommensteuerbescheide und Steuererklärungen. Auch Belege über evtl. Nebeneinkünfte Ihres Ehemannes sind wichtig.

Sowohl für Ihre Unterhaltsansprüche als auch für evtl. spätere Zugewinnausgleichsansprüche (vgl. dazu im einzelnen 8. Kapitel) ist es wichtig, daß Sie sich über das gemeinsame Vermögen oder das Vermögen Ihres Ehemannes, z.B. Wertpapiere, Sparguthaben, Lebensversicherungen, Bausparverträge einen Überblick verschaffen. Fotokopieren Sie, wenn möglich, die Unterlagen.

Wichtig ist, daß Sie über bestehende Schulden informiert sind: Haben Sie oder Ihr Mann Darlehen aufgenommen? Haben Sie gemeinsame Darlehensverträge unterschrieben? Ist das Girokonto überzogen? Bestehen private Schulden? Kopieren Sie sich die entsprechenden Unterlagen (Darlehensverträge, Kontoauszüge etc.).

Kennen Sie Ihre monatlichen Belastungen, wie z.B. Miete, Telefon, Strom, Heizung, Tilgungsraten für evtl. Darlehen, Lebensversicherungsprämien, Haftpflicht- und Hausratversicherung? Machen Sie sich auch hierzu Notizen, besser noch Fotokopien.

Wenn Sie oder Ihr Ehemann oder Sie beide gemeinsam Haus- oder Wohnungseigentümer sind, fotokopieren Sie alle Unterlagen, die das Haus bzw. die Wohnung betreffen, z.B. Grundbuchauszug, die auf Ihrem Haus bzw. Ihrer Wohnung lastenden Hypotheken oder Grundschulden sowie die monatlichen Belastungen, die Ihnen hieraus erwachsen. Notieren Sie außerdem die laufenden Lasten für Ihr Eigentum, wie z.B. Wohngeld, Grundsteuer, Müllabfuhr, Wasser, Feuerkasse etc.

5. Was darf ich beim Auszug mitnehmen?

Wenn Sie entschlossen sind, aus der Wohnung auszuziehen, können Sie mitnehmen: alle persönlichen Dinge wie Kleidung, Schmuck, Dokumente (Sparkassenbücher, Heiratsurkunde), Ihre Familienfotos, Sportausrüstung, Geschenke, die man Ihnen gemacht hat, Familienandenken; außerdem alle Sachen, die Sie zu Ihrer Berufsausübung benötigen. – Auf der anderen Seite dürfen Sie persönliche Dinge Ihres Ehemannes nicht mitnehmen.

Wenn Sie Gegenstände aus dem Hausrat mitnehmen wollen, also Möbel, Geschirr etc., sollten Sie versuchen, sich mit

Ihrem Mann über die Verteilung des Hausrats zu einigen. Gelingt Ihnen eine Einigung über die Aufteilung des gesamten Hausrats, die Sie beide als endgültig betrachten, so halten Sie schriftlich fest, was jeder von Ihnen bekommen soll, und unterschreiben Sie beide.

Manche Ehemänner wirken bei einem solchen Einigungsgespräch nicht mit, überlassen es aber ihrer Frau, was sie bei ihrem Auszug mitnimmt. Wenn Sie sich in einer solchen Situation befinden, oder auch wenn Sie heimlich ausziehen, weil Sie z.B. Gewalttätigkeiten Ihres Ehemannes befürchten, sollten Sie die Kriterien, die das Gericht bei einer Hausratsentscheidung zugrunde legen würde, berücksichtigen: Haushaltsgegenstände, die Ihnen allein gehören, dürfen Sie bei Ihrem Auszug mitnehmen. Allerdings müssen Sie Ihrem Ehemann und er umgekehrt Ihnen die Gegenstände überlassen, die jede Seite zur Führung eines eigenen Haushalts dringend benötigt. Dies kann z.B. in Ihrem Fall, wenn Sie mit den Kindern ausziehen, die Waschmaschine sein, auch wenn der Ehemann sie als sein Haushaltsgerät mit in die Ehe gebracht hat.

Haushaltsgegenstände, die in der Ehe angeschafft wurden und Ihnen beiden gemeinsam gehören, müssen Sie mit Ihrem Ehemann nach dem Grundsatz der «Billigkeit» untereinander verteilen. Werden die Kinder in Zukunft bei Ihnen leben, so können Sie selbstverständlich auch die Kinderzimmereinrichtung, Kleidung und Spielzeug der Kinder mitnehmen. Für die Aufteilung kommt es darauf an, daß Sie und die Kinder bestimmte Gegenstände *jetzt* notwendig brauchen.

Verweigert Ihr Ehemann Ihnen, bei Ihrem Auszug Hausrat mitzunehmen, so entscheidet auf Ihren Antrag hin das Familiengericht. Weil Sie sich ja gerade erst trennen, wird diese Entscheidung eine *vorläufige* Hausratsentscheidung des Familiengerichts sein. Das Familiengericht nimmt die Aufteilung nach dem Grundsatz der «Billigkeit» vor, das heißt: Sie soll sinnvoll sein und Ihre persönliche Lebenssituation berücksichtigen.

Es kann sein, daß die *endgültige* Hausratsaufteilung daran einiges ändert. Bei ihr soll daran gedacht werden, daß die verteilten Gegenstände sich in etwa wertmäßig entsprechen. Sie erfolgt spätestens bei der Scheidung. Diese endgültige Aufteilung muß den gesamten Hausrat verteilen. Sie muß nicht durch den Richter erfolgen. Wenn der Streit sich mittlerweile beruhigt hat, einigen Sie sich selbst mit Ihrem Mann. Vergleichen Sie dazu 8. Kapitel, Seite 154 ff.

Voraussetzung für den Antrag an das Familiengericht, Ihnen den von Ihnen gewünschten Hausrat zuzuweisen, ist die Erstellung einer Liste aller Hausratssachen. Gehen Sie in Gedanken Zimmer für Zimmer durch, wenn Sie diese Liste aufschreiben. Dann geben Sie weiter an, welche Sachen Sie haben möchten und welche Sie Ihrem Mann belassen wollen.

Eine solche Liste ist auch eine gute Grundlage, wenn Sie sich ohne das Familiengericht mit Ihrem Mann über die Verteilung des Hausrats einigen wollen. Sind Sie sich einig geworden, so unterschreiben Sie beide diese Liste und setzen Sie das Datum dazu. Bringen Sie in dem Schriftstück auch zum Ausdruck, daß es sich um die *abschließende* Hausratsaufteilung zwischen Ihnen beiden handeln soll. Oder Sie vermerken: *Vorläufig* nimmt die Ehefrau folgende notwendige Sachen mit Einverständnis des Ehemannes mit.

Zieht Ihr Mann aus der Ehewohnung aus und nimmt in Ihrem Einverständnis verschiedene Hausratsgegenstände mit, z. B. den Fernseher und das Handwerkszeug, so kommt es nach unserer Erfahrung nicht selten vor, daß er nach und nach noch mehr abholen möchte, z. B. die Videoanlage, die Filmkamera u. a. Ein solches Vorgehen brauchen Sie sich nicht gefallen zu lassen. Hier können Sie ihm entgegenhalten: Solange wir uns nicht über die Verteilung des *gesamten* Hausrats geeinigt haben, verbleibt erst mal alles in der bisherigen gemeinsamen Ehewohnung. Wenn es ein endgültiger Auszug war, dürfen Sie auch ein neues Schloß einbauen lassen.

6. Wer zahlt die Miete der Ehewohnung, wenn ein Ehepartner auszieht?

Die Ehewohnung wird oft bei der Trennung nicht aufgegeben, d. h. die Mietkosten laufen weiter.

Sie haften im Verhältnis zum Vermieter neben Ihrem Mann für die Miete in vollem Umfang, wenn Sie den Mietvertrag gemeinsam mit ihm unterschrieben haben. Wenn Sie also aus der Ehewohnung ausgezogen sind, Ihr Mann in der Ehewohnung bleibt, aber die Miete nicht weiterzahlt, so kann sich der Vermieter an Sie halten.

Um dieses Risiko zu verringern, teilen Sie dem Vermieter auf jeden Fall schriftlich mit, daß Sie ausgezogen sind (eine Kopie dieses Schreibens zurückbehalten). Der Vermieter braucht sich daran jedoch nicht zu halten.

Rechtlich wirksam ist nur eine sogenannte *Entlassungsvereinbarung*, die zwischen allen drei Mietvertragsparteien – Ihnen, Ihrem Ehemann und dem Vermieter – abgeschlossen wird. Bemühen Sie sich also zuerst um die Zustimmung Ihres Ehemannes, Sie aus dem Mietvertrag zu entlassen. Dann wenden Sie sich in einem Brief, dem die schriftliche Zustimmung Ihres Mannes beigefügt ist, an den Vermieter. Der Brief könnte lauten:

Traute Stark
Am Burggraben 13
10557 Berlin

Herrn / Frau
(Vermieter) Berlin, den …

Betr.: Mietverhältnis der Wohnung Am Markt 7,
20357 Hamburg

Sehr geehrte(r) Vermieter(in),

hiermit teile ich Ihnen mit, daß ich am … aus der obengenannten Wohnung ausgezogen bin, da ich mich von meinem Ehemann getrennt habe und mich scheiden lassen werde.
Ich bitte Sie daher, mich aus dem Mietvertrag zu entlassen.
Mein Ehemann, Herr Hans Stark, ist damit einverstanden.
Er möchte das Mietverhältnis allein fortsetzen. Eine entsprechende Erklärung von ihm ist als Anlage beigefügt.
Bitte bestätigen Sie mir an obige Adresse und meinem Mann Ihre Zustimmung schriftlich.
Vielen Dank für Ihr Verständnis.

Mit freundlichen Grüßen

Traute Stark

Anlage

Zustimmungserklärung

Hans Stark
Am Markt 7
20357 Hamburg

Ich möchte obiges Mietverhältnis allein fortsetzen und bin damit einverstanden, daß meine Frau aus dem Mietvertrag entlassen wird.

Hamburg, den … Hans Stark

Der Vermieter ist jedoch nicht verpflichtet, Sie aus dem Vertrag zu entlassen. Erst innerhalb des Scheidungsverfahrens und noch *innerhalb eines Jahres nach Rechtskraft* der Scheidung können Sie beim Familiengericht eine entsprechende Entscheidung beantragen. Das Gericht kann auch ohne Zustimmung des Vermieters oder Ihres Mannes entscheiden. Vergleiche auch 2. Kapitel, Abschnitt 2, Seite 41 ff.

7. Was passiert mit gemeinsamen Schulden und Konten?

Viele Frauen möchten wissen, ob sie *nach der Trennung* für alte oder neue Schulden ihres Ehemannes mithaften. Dies trifft nicht zu. Während der Ehe und auch nach der Trennung der Eheleute gilt, daß beide nur für solche Kredite haften, die sie selbst mit unterschrieben haben.

Es gibt jedoch einige Fälle, in denen Sie schnell etwas unternehmen müssen, um keine finanziellen Nachteile zu erleiden.

- Von einem gemeinsamen Konto kann Ihr Ehemann weiterhin Geld abheben, ohne daß Sie es kontrollieren können. Teilen Sie der Bank mit, daß Sie nicht länger Mitinhaberin des Kontos sein wollen. Das Konto wird dann allein auf den Namen Ihres Mannes fortgeführt. Dies geht ohne Schwierigkeiten, solange sich das Konto nicht im Minus befindet. Ist das Konto jedoch überzogen, so können Sie als Mitinhaberin nur ausscheiden, wenn Sie den Minusbetrag ausgleichen. Wenn Ihnen das finanziell nicht möglich ist, dann können Sie dafür sorgen, daß der Überziehungskredit von der Bank herabgesetzt oder ganz gestrichen wird. Unter Umständen sollte Ihr Ehemann von der Bank auch aufgefordert werden, die Schecks zurückzugeben, bis die finanzielle Situation zwischen Ihnen geklärt ist.
- Haben Sie Ihrem Ehemann Kontovollmachten für Ihr eigenes Konto gegeben, so gehen Sie zu Ihrer Bank, und widerrufen Sie die Vollmachten zu sämtlichen Konten. Natürlich kann auch Ihr Ehemann Ihnen gegenüber Vollmachten widerrufen, so daß Sie über seine Konten nicht mehr verfügen können.
- Haben Sie ein gemeinsames Sammelkonto bei einem Versandhaus, dann teilen Sie der Firma per Einschreiben und Rückschein mit, daß Sie nun getrennt leben und für weitere Bestellungen Ihres Ehemannes nicht mehr haften. Ihr Schreiben könnte etwa so lauten:

Traute Stark
Am Burggraben 13
10557 Berlin

Einschreiben / Rückschein
An das
Versandhaus …

Betreff: Kunden-Nr …

Sehr geehrte Damen und Herren,

mein Mann ist nicht mehr berechtigt, weitere auch mich verpflichtende Verträge mit Ihnen zu schließen. Wir leben seit dem … getrennt.
Bitte bestätigen Sie mir den Empfang dieses Schreibens.

Mit freundlichen Grüßen

Traute Stark

Häufig haben Eheleute *während der Ehe* Kredite aufgenommen, um z. B. ein gemeinsames Auto oder die neue Wohnungseinrichtung zu finanzieren. Selbst wenn der Ehemann Alleinverdiener ist, verlangen die Kreditinstitute regelmäßig, daß auch die Ehefrau den Kreditvertrag mit unterschreibt. Dies führt dazu, daß Sie neben Ihrem Ehemann für die Rückzahlung haften.

Wenn Sie sich von Ihrem Ehemann trennen und kein eigenes Einkommen haben, so muß der Kredit auch in Zukunft weiter von Ihrem Ehemann allein abgetragen werden. Die monatliche Darlehensrate kann er dann vor Berechnung Ihres Unterhaltsanspruches von seinem Einkommen absetzen, wobei allerdings eine Umschuldung mit niedrigeren Raten in Betracht kommen kann. Wenn der Kreditbetrag ausschließlich Ihrem Ehemann zugeflossen ist, z.B. der Finanzierung seines Hobbys diente, sollten Sie versuchen durchzusetzen, daß die Raten nicht von seinem Einkommen abgezogen werden.

Um zu vermeiden, jemals von der Bank aus dem Kredit in Anspruch genommen zu werden, sollten Sie auf dem Verhandlungswege versuchen, aus dem Kreditvertrag entlassen zu werden. Unter Umständen wird die Bank dazu bereit sein, wenn Ihr Ehemann ein sicheres Einkommen hat oder zusätzliche Sicherheiten, z.B. Bürgschaften etc. anbieten kann. Wir haben für Sie die folgenden Musterbriefe entworfen und zusammengestellt:

Traute Stark
Am Burggraben 13
10557 Berlin

An
... Bank
20354 Hamburg

Betreff: Darlehensvertrag Nr. ... vom ...

Sehr geehrte Damen und Herren,

hiermit teile ich Ihnen mit, daß mein Mann und ich uns getrennt haben und wir uns scheiden lassen werden. Mein Mann, Herr Hans Stark, Am Markt 7, 20357 Hamburg, ist bereit, unseren gemeinsamen bei Ihnen aufgenommenen Kredit allein abzutragen. Ich bitte daher, mich aus der Darlehensverpflichtung zu entlassen und mir dies schriftlich zu bestätigen. Eine schriftliche Erklärung meines Mannes ist beigefügt.

Falls Sie es für nötig halten, sind mein Mann und ich gern zu einem persönlichen Gespräch in dieser Sache bereit.

Mit freundlichen Grüßen

Traute Stark

Und so sieht die erwähnte Erklärung des Ehemannes aus:

Hans Stark
Am Markt 7
20357 Hamburg

An
… Bank
20354 Hamburg

Betreff: Darlehensvertrag Nr. … vom … .

Sehr geehrte Damen und Herren,

hiermit teile ich Ihnen mit, daß meine Frau und ich uns getrennt haben und wir uns scheiden lassen werden. Ich habe mit meiner Frau vereinbart, daß ich die Schuld aus dem obigen Kreditvertrag allein übernehme, und bitte, meine Frau aus dem Kreditvertrag zu entlassen.
Ich bitte um schriftliche Zustimmung zu dieser Vereinbarung.

Mit freundlichen Grüßen

Hans Stark

Falls die Bank nicht dazu bereit ist, Sie aus dem Vertrag zu entlassen, sollten Sie in jedem Fall mit ihrem Mann eine Vereinbarung darüber treffen, daß er Sie intern von evtl. Ansprüchen der Bank gegen Sie frei hält. Eine solche Erklärung lautet z. B. folgendermaßen:

> Freihalteerklärung
>
> Hiermit verpflichte ich mich, meine Frau Traute Stark intern von sämtlichen Verbindlichkeiten aus dem Kreditvertrag … (Nr., Bank) freizuhalten.
>
> Datum …
> Unterschrift

8. Wie behalte ich meinen Krankenversicherungsschutz?

Wenn Sie berufstätig sind und Sozialversicherungsbeiträge abführen, haben Sie einen eigenen Krankenversicherungsschutz.

Sind Sie nicht berufstätig, so werden die Kinder und Sie in der Regel bei Ihrem Mann versichert sein. Dort bleiben Sie auch versichert, wenn Sie von Ihrem Mann getrennt leben. Falls Ihr Ehemann Ihre Versicherungskarte und die Ihrer Kinder mitgenommen hat oder nicht herausgibt, können Sie bei der Krankenkasse neue Karten bekommen.

Sollten Sie während der Trennung Zweifel haben, ob Ihr Mann noch bei einer bestimmten Kasse krankenversichert ist (Sie erfahren z. B. zufällig, daß Ihr Mann arbeitslos geworden ist und nun vielleicht zur AOK gewechselt hat), so kann die Krankenkasse dies sofort überprüfen und Ihnen Auskunft geben. Lassen Sie sich nicht mit dem Argument abweisen, daß das Bundesdatenschutzgesetz solche Auskünfte verbietet. Sie haben einen Anspruch darauf, diese Auskunft zu erhalten. Die Kassen können höchstens verlangen, daß Sie Ihre Anfrage schriftlich stellen, weil am Telefon nicht festzustellen ist, ob Sie wirklich die Ehefrau sind.

Wenn Sie nicht herausfinden, bei welcher neuen Krankenkasse Ihr Mann versichert ist, können Sie zum Sozialamt gehen und dort krankenversichert werden. Das Sozialamt wird von Ihnen eine Bescheinigung der alten Krankenkasse verlangen, daß Ihr Mann dort nicht mehr versichert ist. Diese Bescheinigung muß Ihnen die Kasse auf Wunsch ausstellen.

Die Möglichkeit, über das Sozialamt krankenversichert zu werden, haben nicht nur Frauen, die monatliche Sozialhilfe beziehen. Vielmehr wird die sogenannte «Krankenhilfe» auch Frauen gewährt, die ein niedriges Einkommen (z. B. Unterhalt oder geringer Verdienst) beziehen. Scheuen Sie sich nicht, einen solchen Antrag zu stellen.

Für den Fall, daß Sie und die Kinder über Ihren Mann *privat versichert* sind, müssen Sie die Arztrechnungen und Rezepte für Medikamente an Ihren Mann schicken, damit dieser sie an die Versicherung weiterleitet. Wenn Ihr Mann einverstanden ist und dies gegenüber der Versicherung erklärt, kann die Versicherung auch mit Ihnen direkt abrechnen.

Es gibt auch die Möglichkeit, den Teil des Versicherungsvertrages, der Sie und die Kinder betrifft, von der Versicherung Ihres Mannes abzutrennen. Dann sind Sie selbst Versicherungsnehmerin und nicht nur Begünstigte der Versicherung Ihres Mannes. Sie müssen dann Ihre Beiträge selbst zahlen, die jedoch durch die Abtrennung nicht höher werden dürfen. Sie brauchen auch keine Wartezeit zu erfüllen. Lassen Sie sich durch die gesetzliche oder private Versicherung möglichst frühzeitig beraten und wenden Sie sich auch an Ihre örtliche Verbraucherzentrale.

Binnen drei Monaten nach Rechtskraft der Scheidung müssen Sie in jedem Falle für eine eigene Krankenversicherung gesorgt haben, da sonst der Versicherungsschutz entfällt.

Wenn Sie in der Krankenversicherung Ihres Ehemannes bleiben wollen, müssen Sie ebenfalls innerhalb dieser drei Monate einen Antrag auf Weiterversicherung stellen.

9. Vereinbarungen während des Getrenntlebens

An verschiedenen Stellen unseres Ratgebers weisen wir darauf hin, daß gütliche Regelungen sinnvoll und zweckmäßig sind. Das gilt auch für die Zeit des Getrenntlebens.

In der ersten *heißen* Phase der Trennung ist der Kontakt zwischen Ihnen und Ihrem Mann möglicherweise abgebrochen oder läuft nur über die Kinder. Trotzdem sollten Sie immer wieder prüfen, ob Sie sich in wesentlichen Fragen mit Ihrem Mann einigen können.

Wir empfehlen Ihnen, zunächst allein ein Beratungsgespräch mit einer Anwältin Ihres Vertrauens zu führen. Unter Umständen können Sie sich nach diesem Gespräch bereits selbst mit Ihrem Mann über die Ihnen wichtigen Punkte einigen. Gelingt Ihnen dies nicht, kommt ein Gespräch beider Ehepartner bei Ihrer Anwältin in Betracht. Wobei diese Ihrem Mann klarmacht, daß sie Ihre Interessen vertritt. Wenn Ihr Mann einigungsbereit ist, hält Ihre Rechtsanwältin die Vereinbarung schriftlich fest.

Ist Ihr Mann nicht einigungsbereit, wird er sich selbst an einen Rechtsanwalt wenden. Durch die Vermittlung beider Anwälte könnte dann eine Vereinbarung getroffen werden.

Wenn Sie mit Ihrem Ehemann zu seinem Anwalt gehen, müssen Sie sich darüber im klaren sein, daß dieser nur die Interessen Ihres Mannes vertritt. Denn eine gemeinsame Vertretung beider Ehepartner durch eine Rechtsanwältin/einen Rechtsanwalt gibt es nicht.

Schlägt Ihr Ehemann Ihnen vor, mit ihm zu seinem Rechtsanwalt oder einem Notar zu gehen, weil dort eine Vereinbarung schon schriftlich vorbereitet sei, dann unterschreiben Sie diese auf keinen Fall. Einen solchen Vorschlag sollten Sie sich unbedingt schriftlich als *Entwurf* geben lassen. Bitten Sie eine Rechtsanwältin Ihres Vertrauens um Überprüfung, ob dieser Entwurf Ihre und der Kinder Interessen angemessen berücksichtigt und nicht für Sie nachteilig ist.

Für alle Regelungen gilt:

- Sie sollten schriftlich festgehalten und von beiden Ehegatten unterzeichnet sein.
- Sie sollten klarstellen, ob es eine vorläufige, also nur für die Zeit der Trennung gültige, oder eine endgültige Regelung sein soll, die also für die Zeit nach der Scheidung gilt.

Unterschreiben Sie nie eine Vereinbarung «um des lieben Friedens willen», sondern machen Sie sich stets nach Kräften sachkundig. Besonders problematisch sind Vereinbarungsentwürfe, die Verzichte enthalten, z. B. Verzicht auf Ehegattenunterhalt, Verzicht auf Zugewinnausgleich, Verzicht auf Versorgungsausgleich. Solche Vereinbarungen, insbesondere bezüglich des Zugewinnausgleichs oder Versorgungsausgleichs, die notariell beurkundet werden müssen, sind gefährlich, weil Sie später kaum noch die Möglichkeit haben werden, eine Abänderung zu erreichen. Wenn Sie eine Verzichtserklärung unterschreiben, sollten Sie die Sicherheit haben, daß Sie die Auswirkungen dieses Verzichts im vollen Umfang überblicken.

Bei Unterhaltsregelungen sollten die Grundlagen für die Berechnung schriftlich festgehalten werden, also das derzeitige

Nettoeinkommen, anhand dessen der Unterhalt ermittelt worden ist.

Auf Kindesunterhalt kann rechtswirksam überhaupt nicht verzichtet werden. Auch auf Unterhalt für die Ehefrau oder den Ehemann persönlich während der Getrenntlebenszeit kann nicht verzichtet werden.

Manchmal soll es aus wirtschaftlichen oder persönlichen Gründen bei einem dauernden Getrenntleben der Ehegatten bleiben, ohne daß eine Scheidung der Ehe beabsichtigt ist. Auf das Recht, die Scheidung herbeizuführen, kann aber ebenfalls nicht wirksam verzichtet werden.

Die vorgerichtliche Anwaltstätigkeit muß von den Eheleuten grundsätzlich selbst bezahlt werden. In den meisten Bundesländern gibt es die Möglichkeit, unter bestimmten Voraussetzungen Beratungshilfe in Anspruch zu nehmen. Prozeßkostenhilfe ist nur möglich für die Rechtsanwaltskosten in einem Prozeß bei Gericht, also für eine Unterhaltsklage und für das Scheidungsverfahren (dazu siehe 6. Kapitel, Abschnitt 4).

Die Kostensituation kann sich sehr unterschiedlich darstellen, je nachdem, ob Sie «nur» eine Trennungsvereinbarung schließen oder ob Sie die Trennungs- und Scheidungsfolgen im Rahmen eines Scheidungsprozesses regeln. Informieren Sie sich deshalb bei Ihrer Anwältin ausführlich über die Kostensituation.

10. Beratung während des Getrenntlebens

Wenn sich die Trennungssituation zwischen Ihnen und Ihrem Mann sehr schwierig gestaltet, können Sie sich auch an eine Familienberatungsstelle wenden, und zwar allein oder auch gemeinsam mit Ihrem Ehemann.

Nach dem Kinder- und Jugendhilfegesetz sind die Länder

verpflichtet, Beratungsstellen für familiäre Konflikte anzubieten. Die Inanspruchnahme ist meist kostenlos oder mit nur geringen Kosten verbunden. Träger dieser Beratungsstellen sind die Jugendämter bzw. die Allgemeinen Sozialen Dienste, das Diakonische Werk und ähnliche Einrichtungen.

Aufgabe der Beratungsstellen ist es insbesondere, die Eltern dabei zu unterstützen, ein einvernehmliches Konzept für die Wahrnehmung der elterlichen Sorge für ihre Kinder bei Trennung und Scheidung zu entwickeln.

11. Mediation

Mediation ist eine Form der Konfliktberatung, die in den USA besonders für Trennungs- und Scheidungssituationen entwickelt wurde. «Mediation» kann man übersetzen mit: fairer Kompromiß oder Vermittlung für eine Einigung. Es steht hier nicht die rechtliche Lösung im Vordergrund, sondern die praktische, die Sie als Eheleute für Ihre individuellen Verhältnisse selbstverantwortlich mit Unterstützung einer Mediatorin erarbeiten. Mediation ist *keine* Therapie und zielt nicht darauf ab, die Ehe fortzusetzen. Mediation ist nur dann sinnvoll, wenn beide Eheleute wissen, daß an der Trennung kein Weg vorbeiführt, daß sie dabei zur Zeit Interessenkonflikte haben, daß sie darüber aber miteinander verhandeln und auch alle Fakten und Zahlen offen auf den Tisch legen wollen – und daß sie *beide* für ihre Kinder auch in Zukunft gemeinsam Verantwortung tragen wollen.

Besondere Bedeutung hat Mediation in den Fällen erlangt, in denen Eltern sich über das Sorgerecht einigen wollen. Inzwischen gibt es zunehmend mehr ausgebildete Mediatorinnen und Mediatoren, deren Anschrift Sie bei den Familienberatungsstellen erfahren können.

Die Kosten der Mediation betragen derzeit zwischen ca. DM 200,00 und DM 300,00 pro Stunde. Wie viele Sitzungen notwendig sind, läßt sich schwer voraussagen. Wenn die Mediatorin / der Mediator innerhalb einer Institution arbeitet, können die Kosten geringer sein. Dann kann die Mediation auch für Familien in Betracht kommen, die den vollen Betrag nicht bezahlen könnten. Eine staatliche Kostenübernahme gibt es für dieses Verfahren bisher nicht.

Auch wenn die Mediation zu einer Lösung geführt hat, muß die von den Ehegatten gefundene Regelung anschließend für jeden von ihnen rechtlich geprüft und in die nötige Form als Trennungsvereinbarung oder Scheidungsfolgenvereinbarung gebracht werden. Während die Mediation läuft, können Sie sich von der Rechtsanwältin Ihres Vertrauens über Ihre persönliche Rechtslage beraten lassen, damit Sie wissen, worauf Sie im einzelnen verzichten, um einen Kompromiß zu erreichen. Allerdings wird dies von der Mediatorin / dem Mediator nicht immer gewünscht.

Eine professionell durchgeführte Mediation kann und soll Ihnen langwierige gerichtliche Streitigkeiten ersparen. Auf der anderen Seite gibt es auch Familien, für die Mediation kein gangbarer Weg ist, z. B. wenn Sie keinen Raum für Kompromisse sehen und eine Entscheidung des Gerichts bevorzugen.

2. Kapitel

Wohnungsfragen

Wenn Ihr Ehemann und Sie zur Trennung entschlossen sind, muß zunächst geklärt werden, was aus der Ehewohnung wird. Wenn Sie selbst in der Ehewohnung nicht bleiben können oder wollen, werden Sie sich überlegen müssen, ob Sie es sich leisten können, eine Wohnung auf dem freien Markt anzumieten, oder ob Sie staatliche Hilfe in Anspruch nehmen müssen, z. B. eine Sozialwohnung beantragen wollen oder Wohngeld. In besonders schwierigen Fällen haben Sie natürlich für eine Übergangszeit auch die Möglichkeit, ins Frauenhaus zu gehen.

1. Was wird aus der Ehewohnung bis zur Scheidung?

Wenn Sie sich mit Ihrem Ehemann während der Trennungszeit nicht einigen können, wer die Wohnung verläßt, gibt es nur in Härtefällen die Möglichkeit, daß Ihnen das Familiengericht auf Ihren Antrag hin schon vor der Scheidung, ja sogar vor Einreichung des Scheidungsantrags, die Ehewohnung vorläufig zur alleinigen Nutzung zuweist. Das Gericht wird aber immer als erstes prüfen, ob nicht eine Aufteilung der Räume innerhalb der Wohnung in Betracht kommt. Dies ist die Folge davon, daß bezahlbarer Wohnraum so knapp geworden ist.

Ein Antrag auf Zuweisung der Ehewohnung zur alleinigen Nutzung ist sinnvoll, wenn Sie Ihre Kinder nicht aus der gewohnten Umgebung (Kindergarten, Schule, Freundeskreis) reißen wollen. Andererseits kann es für Sie aber beruhigender sein, sich eine neue Wohnung zu suchen, deren Anschrift Ihr Mann nicht kennt, um vor Nachstellungen und Belästigungen durch ihn sicher zu sein.

Bei der *vorläufigen* Zuweisung der Ehewohnung kommt es nicht darauf an, welcher der Ehegatten Mieter oder Eigentümer der Ehewohnung bzw. des Hauses ist. Auch wenn Ihr Ehemann Alleinmieter oder Alleineigentümer der Ehewohnung oder des gemeinsam bewohnten Hauses ist, kann Ihnen und den Kindern die Wohnung oder das Haus zur vorläufigen Nutzung bis zur Scheidung zugewiesen werden.

Folgende Voraussetzungen müssen jedoch erfüllt sein:

- Sie leben bereits getrennt oder wollen sich endgültig trennen;
- die räumliche Trennung innerhalb der ehelichen Wohnung ist aus Platzgründen nicht möglich oder wegen des Verhaltens Ihres Mannes nicht zumutbar;
- die Zuweisung ist notwendig, um eine schwere Härte zu vermeiden.

Eine «schwere Härte» ist in folgenden Fällen gegeben:

- Ihr Mann hat Sie geschlagen, und Sie müssen befürchten, daß er dies wieder tun wird;
- Ihr Mann ist ständig betrunken, randaliert in der Wohnung und wird Ihnen gegenüber ausfallend und beleidigend;
- Ihr Mann hat Ihre Kinder mißhandelt.

Das Gericht fordert Beweise für die von Ihnen vorgetragenen Härtegründe, wie zum Beispiel ärztliche Atteste für Verletzungen, Zeugen für die Tätlichkeiten und / oder die Verletzungen.

Sind Ihre Kinder mit betroffen, sollten Sie sich an die zuständige Mitarbeiterin des Jugendamtes wenden und sie darum bitten, durch eine schriftliche Stellungnahme Ihren Antrag beim Gericht zu unterstützen.

Neben der vorläufigen Zuweisung der Ehewohnung kann das Gericht auf Ihren Antrag hin folgende zusätzliche Maßnahmen treffen:

- Ihrem Ehemann wird verboten, die Ehewohnung zu betreten;
- Ihrem Ehemann wird untersagt, Sie weiterhin zu bedrohen, zu mißhandeln oder zu belästigen;
- Ihr Ehemann wird aufgefordert, die Ehewohnung entweder sofort oder bis zu einem bestimmten Zeitpunkt zu räumen;
- Ihrem Ehemann wird verboten, Hausratsgegenstände aus der Ehewohnung wegzuschaffen;
- Ihrem Ehemann wird aufgegeben, eigenmächtig entfernte Hausratsgegenstände wieder in die eheliche Wohnung zurückzubringen.

Wenn Ihr Mann die Möglichkeit hat, bei Eltern, Verwandten oder Freunden unterzukommen, sollten Sie dies in Ihrem Antrag unbedingt angeben.

Bis der Beschluß des Gerichts endlich vorliegt, vergehen in der Regel mehrere Wochen. In ganz dringenden Fällen können Sie auch eine sogenannte «einstweilige Anordnung auf Zuweisung der Ehewohnung» beantragen. Dann können Sie davon ausgehen, daß das Gericht schneller eine Entscheidung trifft. Verläßt Ihr Ehemann nicht freiwillig die eheliche Wohnung, müssen Sie die Wohnung durch den Gerichtsvollzieher zwangsräumen lassen. Auch das dauert eine gewisse Zeit.

2. Was wird aus der Ehewohnung nach der Scheidung?

Spätestens bei der Scheidung sollte geklärt werden, wer endgültig in der Ehewohnung bleibt.

Als Ehewohnung gelten alle Räume, die von beiden Eheleuten gemeinsam bewohnt wurden oder jedenfalls dafür gedacht waren. Es kann sich dabei auch um ein möbliertes Zimmer handeln, eine Dienst- oder Werkswohnung, ein Eigenheim, eine Ferienwohnung oder ein Häuschen auf dem Schrebergartengelände.

Wenn Sie sich mit Ihrem Ehemann darüber einig sind, wer von Ihnen die Ehewohnung künftig allein oder mit den Kindern bewohnen wird, müssen Sie den Vermieter um seine Zustimmung und um die Umschreibung des Mietvertrages bitten. Hierzu sind viele Vermieter (vor allem Wohnungsgesellschaften) erst nach rechtskräftiger Scheidung bereit. Diese Einigung können Sie auch in einem Scheidungsfolgenvergleich aufnehmen.

Verweigert der Vermieter seine Zustimmung, können Sie ihn dazu mit Hilfe des Familiengerichts zwingen. Notfalls wird der Mietvertrag per Richterspruch umgeschrieben und eine(r) von Ihnen aus dem Mietvertrag entlassen.

Wenn Sie aus der Ehewohnung ausziehen, sich aber nicht um Ihre Entlassung aus dem Mietvertrag kümmern, so haften Sie weiter neben Ihrem Ehemann für Mietschulden, Schönheitsreparaturen und andere im Zusammenhang mit dem Mietvertrag anfallende Forderungen.

Können Sie sich mit Ihrem Ehemann nicht einigen, was mit der Ehewohnung geschehen soll, müssen Sie ebenfalls eine gerichtliche Regelung beantragen. Das Familiengericht entscheidet dann auf der Grundlage der Hausratsverordnung nach billigem Ermessen. Dabei spielen nicht mehr Härtegründe, sondern folgende Überlegungen eine Rolle:

- Bei wem bleiben die Kinder?
- Kann ihnen ein Wohnungswechsel, d.h. ein Schul-, Kindergarten-, Spielkameradenwechsel erspart bleiben?
- Alter, Gesundheitszustand, Hilfsbedürftigkeit der Eheleute sind zu berücksichtigen.
- Wem ist der Umzug eher zuzumuten, auch unter Berücksichtigung der finanziellen Verhältnisse?
- Wer hat schon vor der Ehe in der Wohnung gelebt und evtl. hohe Renovierungssummen in die Wohnung gesteckt?

Bei einer Mietwohnung kommt es für die Zuweisung der Wohnung nicht darauf an, wer Hauptmieter im Mietvertrag ist. Ihr Mann kann Sie also nicht damit unter Druck setzen, daß er in Aussicht stellt, das Mietverhältnis zu kündigen, wenn Sie sich nicht zum Auszug bereit erklären. Selbst wenn er das Mietverhältnis schon gekündigt hat, kann Ihnen das Familiengericht die bisherige Ehewohnung noch zuweisen.

Bei einer *Genossenschaftswohnung* wird auch von Bedeutung sein, wer Mitglied in der Genossenschaft ist. Das Gericht kann aber bei Vorliegen von obengenannten Gründen die Wohnung auch dem Nichtmitglied zuweisen. In einem solchen Fall sollten Sie im Rahmen der übrigen vermögensrechtlichen Auseinandersetzung darauf achten, daß Sie die *Genossenschaftsanteile* Ihres Ehemannes erhalten. Falls dieses nicht geschieht, sollten Sie bald selbst durch Einzahlung von Anteilen Mitglied der Genossenschaft werden. Nur so können Sie sich eine dauerhafte Wohnmöglichkeit verschaffen, ohne davon abhängig zu sein, daß Ihr Ehemann seine Mitgliedschaft in der Genossenschaft behält.

Bei *Dienst- und Werkswohnungen* soll das Gericht in der Regel demjenigen die Wohnung zuweisen, der in dem entsprechenden Dienst- oder Arbeitsverhältnis steht. Will das Gericht davon abweichen, muß es die Zustimmung des Dienstherrn bzw. der Firma einholen. Die Zustimmung wird häufig dann gegeben, wenn die Wohnung für minderjährige Kinder erhalten bleiben soll. Die Zustimmung kann auch befristet erteilt werden, zum Beispiel für die Dauer des Schulbesuches oder bis zur Volljährigkeit der Kinder. Auch in einem solchen Fall brauchen Sie sich nicht von Ihrem Mann einschüchtern zu lassen mit dem Hinweis, daß die Wohnung schließlich eine Werkswohnung sei und Sie keinerlei Aussicht hätten, diese zu behalten.

Achtung:
Alle Anträge an das Familiengericht sollten *innerhalb eines Jahres nach der Scheidung* gestellt sein. Nur dann kann das Familiengericht auch gegen den Willen Dritter in deren Rechte eingreifen, also beispielsweise einen Vermieter zwingen, das Mietverhältnis mit einem Ehepartner fortzusetzen. Dringen Sie darauf, daß diese Fragen schon *mit* der Scheidung durch gerichtliche Vereinbarung oder Entscheidung geklärt werden.

3. Was wird aus dem Haus / der Eigentumswohnung, die einem von Ihnen oder beiden gemeinsam gehört?

Wenn Sie und Ihr Mann Miteigentümer des Hauses / der Wohnung sind und sich nicht einigen können, wer nach der Scheidung dort wohnen bleibt, kann Ihnen das Gericht das Haus / die Wohnung zur alleinigen Nutzung zuweisen, z. B. wenn Sie die gemeinsamen Kinder versorgen. Das Familiengericht entscheidet hierbei nach denselben Grundsätzen wie bei einer Mietwohnung (s. o.).

Ist Ihr Ehemann Alleineigentümer des Hauses / der Wohnung, kann Ihnen gegen seinen Willen sein Haus / seine Wohnung nur in Ausnahmefällen zugewiesen werden, wenn Sie nämlich beweisen können, daß ein Auszug für Sie eine unbillige Härte bedeuten würde.

In beiden Fällen wird das Gericht eine angemessene Nutzungsentschädigung / Miete festsetzen, die Sie an Ihren Mann für die Nutzung seines Miteigentums oder Alleineigentums zahlen müssen.

Wenn Sie sich mit Ihrem Ehemann einigen können, wer in dem gemeinsamen oder einem von Ihnen gehörenden Haus wohnen bleibt, sollte möglichst ein Mietvertrag geschlossen werden. Jedenfalls für die Zeit nach der Scheidung muß derjenige, der im Haus wohnen bleibt, eine angemessene Nutzungsentschädigung an den oder die andere zahlen. Ein angemessener Ausgleich für die alleinige Nutzung kann aber auch darin bestehen, daß Zins und Tilgung für die Hausdarlehen sowie Grundsteuer und Hausversicherungen nur von einem gezahlt werden. Leistet Ihr Ehemann diese Zahlungen, nachdem Sie aus Ihrem oder dem gemeinsamen Haus ausgezogen sind, kann es passieren, daß er von Ihnen später die Hälfte der Beträge zurückverlangt. Um das zu verhindern, müssen Sie mit ihm über die Art und Höhe der zu zahlenden Nutzungsentschädigung und die Verrechnung mit seinen Zahlungen eine schriftliche Vereinbarung treffen. Ist er dazu nicht bereit, schicken Sie ihm einen Brief, in dem Sie ihn zu einer «Neuregelung der Verwaltung und Benutzung des (Mit-)Eigentumsanteils» auffordern. Dann können Sie seinen Forderungen später eine eigene Forderung auf Nutzungsentschädigung entgegenhalten.

Bewohnen Sie das im Alleineigentum oder Miteigentum Ihres Ehemannes stehende Haus und ist er Ihnen unterhaltsverpflichtet, wird der zu zahlende Ehegattenunterhalt in der

Regel gekürzt, weil er damit Ihren Unterhaltsbedarf teilweise schon erfüllt.

Wegen der komplizierten Rechtslage und der finanziellen Tragweite sollten Sie sich in diesen Fragen von Ihrer Anwältin beraten lassen.

4. Wie komme ich zu einer Sozialwohnung (§ 5-Schein, Dringlichkeitsschein)?

Für eine Sozialwohnung benötigen sie einen «§ 5-Schein» (gleich Wohnberechtigungsschein nach § 5 Wohnungsbindungsgesetz). Sie erhalten diesen Schein bei dem für Sie zuständigen Wohnungsamt. Das Wohnungsamt selbst vermittelt Ihnen in diesem Fall also keine Wohnung, Sie müssen mit dem Schein zu einem Vermieter von Sozialwohnungen oder zu einer Wohnungsbaugesellschaft gehen und sich dort um eine Wohnung bewerben. Auch in den Tageszeitungen werden Sozialwohnungen angeboten.

Den § 5-Schein erhalten nur Einzelpersonen oder Familien mit geringem Einkommen. Ob Sie einen Anspruch auf einen § 5-Schein haben oder nicht, errechnet für Sie das Wohnungsamt. Nehmen Sie daher, wenn Sie zum Wohnungsamt gehen, folgende Unterlagen mit:

- Einkommensnachweise (z.B. Lohnsteuerkarte, Rentenbescheid, Bescheid über Arbeitslosenunterstützung, Sozialhilfe, Nachweis über eventuelle Unterhaltszahlungen),
- Ausweispapiere,
- Unterlagen über Ihre laufenden Ausgaben.

In der Regel verlangt das Wohnungsamt darüber hinaus einen Nachweis, daß Sie von Ihrem Ehemann getrennt leben. Wenn Ihre Scheidung schon läuft, nehmen Sie Ihre Kopie des Scheidungsantrages gleich mit. Ist es noch nicht soweit, nehmen Sie die bisherige anwaltliche Korrespondenz mit. Ansonsten erklären Sie mit Nachdruck, daß Sie getrennt leben.

Wenn Sie zusammen mit Ihren Kindern eine Sozialwohnung beantragen wollen, benötigt das Wohnungsamt einen Nachweis darüber, daß die Kinder auf Dauer bei Ihnen leben werden. Hier genügt eine entsprechende übereinstimmende Erklärung von Ihnen und Ihrem Ehemann. Ist Ihr Ehemann nicht damit einverstanden, daß die Kinder auf Dauer bei Ihnen leben, sollten Sie das Jugendamt um eine vorläufige Stellungnahme für das Wohnungsamt bitten (siehe 3. Kapitel).

In Regionen mit besonderer Wohnungsnot können Sie über das Wohnungsamt eine Wohnung vermittelt bzw. zugewiesen bekommen, wenn Sie als Wohnungsnotfall anerkannt werden und einen sogenannten Dringlichkeitsschein erhalten.

Erkundigen Sie sich bei dem zuständigen Amt, ob es in Ihrem Ort diese Möglichkeit gibt. Welche Voraussetzungen für die Anerkennung als Wohnungsnotfall im Einzelfall vorliegen müssen, richtet sich nach unterschiedlichen verwaltungsrechtlichen Vorschriften. In der Regel werden alleinerziehende oder schwangere Frauen bei der Vergabe von Dringlichkeitsscheinen bevorzugt berücksichtigt.

5. Habe ich einen Anspruch auf Wohngeld?

Wohngeld ist ein staatlicher Mietzuschuß, der nicht zurückgezahlt werden muß. Wohngeld erhalten Sie nur auf Antrag und immer erst ab Antragstellung, also für die Zukunft. Deshalb ist es wichtig, einen derartigen Antrag so früh wie möglich zu stellen. Wohngeld erhalten Sie nur, wenn Ihr eigenes Einkommen nicht ausreicht, um eine angemessene Wohnung anzumieten. Der Antrag ist bei dem zuständigen Amt – Wohngeldstelle – zu

stellen. Klären Sie schon vor Ihrem ersten Gespräch telefonisch, welche Unterlagen Sie mitbringen müssen.

Schon bevor Sie einen neuen Mietvertrag abschließen, sollten Sie sich bei der Wohngeldstelle erkundigen, ob Sie für die vorgesehene Wohnung überhaupt Wohngeld erhalten können. Nehmen Sie den Vorvertrag mit oder genaue Angaben über Größe und Mietpreis der Wohnung. Die Zuschüsse sind unterschiedlich hoch, je nach Höhe des Einkommens. Auch wenn Ihr Zuschuß nur gering ist, sollten Sie nicht darauf verzichten.

6. Soll ich ins Frauenhaus gehen?

In der Bundesrepublik gibt es seit mehreren Jahren in allen größeren Städten Frauenhäuser. Sie sollen Frauen Schutz und Obdach geben, die von ihren Ehemännern oder Freunden seelisch oder körperlich mißhandelt worden sind und nicht wissen, wo sie unterkommen können. Ein bedeutender Vorzug der Frauenhäuser gegenüber herkömmlichen staatlichen Einrichtungen ist, daß jede Frau ihre Kinder mitnehmen kann, sich also nicht von ihnen trennen muß, wenn sie den Ehemann verläßt.

Ob und wo sich ein Frauenhaus in Ihrer Nähe befindet, erfahren Sie bei der Sozialbehörde, bei Wohlfahrtsverbänden, Frauengruppen, bei kirchlichen Stellen und bei der Polizei. Dort erhalten Sie Telefonnummer und Postfachanschrift des Frauenhauses. Die Anschriften der Häuser sind geheim, um die Frauen vor Übergriffen zu schützen.

Der Aufenthalt im Frauenhaus ist nicht immer einfach, da Sie mit sehr vielen unterschiedlichen Frauen und Kindern oft auf engstem Raum zusammenleben müssen. Sie haben aber die Chance, andere Frauen und deren Kinder, die sich in gleicher Lage wie Sie befinden, kennenzulernen. Vielleicht finden Sie hier sogar andere Frauen, mit denen Sie sich zusammentun können.

In Frauenhäusern können Sie weitere Kontaktadressen von Frauengruppen, Rechtsanwältinnen, Ärztinnen usw. in Ihrer Stadt bekommen. Telefonnummern und Postfachanschriften von Frauenhäusern finden Sie im Anhang.

7. Was muß ich beim Umzug bedenken?

Wenn es Ihnen gelungen ist, eine neue Wohnung zu finden, sollten Sie sofort versuchen, alle vertraglichen Verpflichtungen aufzulösen, die mit der alten Wohnung zusammenhängen. Das betrifft vor allem das Mietverhältnis. Haben *beide* Ehepartner den Mietvertrag der Ehewohnung unterschrieben, können Sie den Vertrag nicht allein kündigen. Sie können nur den Vermieter bitten, Sie aus dem Vertrag zu entlassen. Wie Sie das machen, haben wir im 1. Kapitel auf Seite 25f. beschrieben.

Denken Sie auch an die Strom-, Gas-, Telefon- und Rundfunkgebühren. Bei Strom- und Gasgebühren kann es Ihnen passieren, daß auch nach Ihrer Kündigung Rechnungen auf Sie zukommen, wenn Ihr Mann diese nicht bezahlt. Für Telefon- und Rundfunkgebühren sind Sie nach Ihrer Kündigung nicht mehr verantwortlich. Hierzu haben wir einen *Musterbrief* entworfen. Machen Sie von Ihren Briefen eine Kopie für Ihre Unterlagen.

Traute Stark
Am Burggraben 13
10557 Berlin

An die GEZ
(Gebühreneinzugszentrale)
Köln

Berlin, den …

Betr.: Kunden-Nr. …

Sehr geehrte Damen und Herren,

hiermit teile ich Ihnen mit, daß ich am … aus der Wohnung Am Markt 7, 20357 Hamburg, ausgezogen bin. Mieter und Ihr Vertragspartner bleibt mein Ehemann Hans Stark.

Mit freundlichen Grüßen

Traute Stark

Für Ihre neue Wohnung müssen Sie sich *anmelden*. Besorgen Sie sich auch einen *Nachsendeantrag* bei der Post.

Soll Ihr Mann Ihre neue Adresse nicht erfahren, können Sie beim *Einwohnermeldeamt* eine sogenannte Auskunftssperre für sich und Ihre Kinder beantragen. Diesen Antrag müssen Sie begründen. Die Sperre wird auf jeden Fall dann eingerichtet, wenn Sie glaubhaft machen können, daß eine Gefahr für Ihre Gesundheit, Ihr Leben oder Ihre persönliche Freiheit besteht, falls Ihr Mann Ihre Anschrift erfährt.

Unserer Ansicht nach sollte Ihre Anschrift auch dann geheimgehalten werden, wenn Sie Belästigungen fürchten, die nicht so schwerwiegend sind. Stellen Sie auch dann einen Antrag.

Traute Stark
Am Burggraben 13
10557 Berlin

An das Einwohnermeldeamt
Berlin bzw. Hamburg — Berlin, den …

Sehr geehrte Damen und Herren,

ich beantrage hiermit, für meine oben angegebene Anschrift für die Dauer eines Jahres eine Auskunftssperre einzurichten.
Die Einrichtung der Auskunftssperre ist deshalb notwendig, weil ich mich von meinem Ehemann getrennt habe und er meine neue Anschrift nicht erfahren soll. Er hat mich in der Vergangenheit bedroht und körperlich mißhandelt. Ich muß auch weiterhin eine Gefährdung fürchten, wenn ihm meine Anschrift bekannt wird.

Da ich Sozialhilfeempfängerin bin (bzw. ein niedriges Einkommen habe), bitte ich um Gebührenbefreiung.

Mit freundlichen Grüßen

Traute Stark

Hinweis:
Bei einer Auskunftssperre sind zwei Schreiben notwendig, und zwar an das *alte* und *neue* Einwohnermeldeamt. Die Auskunftssperre ist auf ein Jahr begrenzt, läßt sich aber auf Ihren Antrag hin auch verlängern.

Beachten Sie, daß die Auskunftssperre nicht nur gegenüber Ihrem Ehemann, sondern auch gegenüber allen Personen, Behörden oder Firmen wirksam ist. Sie müssen diejenigen, von denen Sie Post erhalten wollen, selbst über Ihre neue Anschrift informieren.

3. Kapitel

Was wird aus den Kindern?

Die Eheprobleme und die Trennung der Eltern können für die Kinder eine starke seelische Belastung darstellen. Diese Belastung drückt sich bei jedem Kind anders aus. Trotz der vielfältigen Umstände gibt es aber Reaktionen, die bei fast allen Kindern jeweils ihrem Alter entsprechend eintreten.

Es kann sich dabei um Angstzustände, Schlafstörungen, aggressives Verhalten, Entwicklungsrückschritte wie Daumenlutschen und Bettnässen, Traurigkeit und Hilflosigkeit, Wut und manchmal auch Scham handeln. Als Folge treten auch schlechte Leistungen in der Schule, widersprüchliches Verhalten, überraschende Gefühlsausbrüche und andere Auffälligkeiten auf.

Sie können Ihren Kindern diese Zeit erleichtern, indem Sie mit ihnen darüber reden und sie auf die Trennung vorbereiten. Jeder Elternteil kann dem Kind erklären, warum die Trennung notwendig ist, und sollte den anderen Elternteil dabei nicht beschuldigen. Erzählen Sie den Kindern, was sich durch die Trennung ändern wird. Sprechen Sie aber auch darüber, was sich nicht verändern wird, wie z.B. das eigene Zimmer, der Kindergarten, die Besuche von und bei Verwandten.

Mit den Problemen, die sich für die Kinder ergeben, können Sie sich an Erziehungsberaterinnen, Kinderpsychologinnen oder das Jugendamt wenden. Sie haben einen gesetzlichen Anspruch auf Beratung durch das Jugendamt, das Sie gegebenenfalls an Fachleute weiterverweisen wird und hierfür Kosten übernehmen kann. Sie sollten auch überlegen, ob die Trennungssituation für Ihre Kinder leichter zu bewältigen ist, wenn Sie den Lehrerinnen bzw. im Kindergarten von den familiären Schwierigkeiten berichten. Vermutlich können die Erzieherinnen dann besser auf Veränderungen des Verhaltens oder auch der Leistungen reagieren.

Auf die seelische Belastung der Kinder können wir im Rahmen dieses Buches nur hinweisen. Ausführlich werden wir auf die Fragen des Sorgerechts, des Umgangsrechts und des Kindesunterhalts eingehen.

1. Bei wem sollen die Kinder bleiben, und wer hat die elterliche Sorge?

Während der Ehe haben die Eltern *gemeinsam* das Recht der elterlichen Sorge (Personen- und Vermögenssorge) für ihre Kinder. Dieses bleibt grundsätzlich für die Zeit nach der Trennung und auch nach der Scheidung bestehen, unabhängig davon, ob die Kinder bei Ihnen oder bei dem Vater bleiben. Das Familiengericht entscheidet nämlich aus Anlaß der Scheidung nicht mehr automatisch, wer die elterliche Sorge künftig hat. Jeder Elternteil kann aber im Scheidungsverfahren den Antrag auf Übertragung der *alleinigen* elterlichen Sorge stellen.

Gemeinsame elterliche Sorge

Auch bei gemeinsamer elterlicher Sorge hat Ihr Kind seinen Lebensmittelpunkt entweder bei Ihnen oder bei seinem Vater.

Wenn das Kind mit Ihnen lebt, dann treffen Sie die alltäglichen Entscheidungen allein. Die gemeinsame elterliche Sorge verlangt jedoch, daß Sie sich mit dem Vater in grundlegenden Fragen einig sind, wie z. B. über

- Schulbesuch und Ausbildungsverhältnis,
- Krankenbehandlung in schweren Fällen,
- längerfristigen Auslandsaufenthalt,
- religiöse Erziehung.

Die rechtliche Situation läßt sich also kennzeichnen als Alleinsorge des Elternteils, bei dem das Kind lebt, mit einer Mitbestimmung des anderen Elternteils in wichtigen Fragen und mit dessen Mitverantwortung für das Kind.

Wenn Sie die gemeinsame elterliche Sorge haben, können beide Eltern am gesamten schulischen Leben des Kindes teilnehmen, können mit ihm zum Arzt oder zu Ämtern gehen und müssen alle für das Kind wichtigen Fragen gemeinsam besprechen und entscheiden. Gibt es immer wieder Streit mit dem Vater und kommt eine gemeinsame Entscheidung, z. B. über die Ausbildung Ihres Kindes, nicht zustande, so können Sie sich diesen gesamten Bereich vom Familiengericht zur Alleinentscheidung übertragen lassen. In diesen Fragen können Sie Ihr Kind dann nach außen allein vertreten. Der Unterschrift des Vaters bedarf es nicht. Sie können aber den dauernden Streit auch zum Anlaß nehmen, die Übertragung der alleinigen elterlichen Sorge auf sich zu beantragen.

Alleinige elterliche Sorge

Wenn Sie sich getrennt haben, müssen Sie sich überlegen, ob Sie künftig mit Ihrem getrenntlebenden Mann gemeinsam die Verantwortung für die Kinder tragen wollen und können. Erscheint Ihnen dies nicht möglich, können Sie beim Familiengericht die Aufhebung der gemeinsamen elterlichen Sorge (oder eines Teils davon) und Übertragung der alleinigen Sorge (oder eines Teils davon) auf sich beantragen.

Stellen Sie einen Antrag auf Übertragung der alleinigen elterlichen Sorge (§ 1671 des Bürgerlichen Gesetzbuches, BGB), so sind die Entscheidung und der Prüfungsumfang des Gerichts an unterschiedliche Voraussetzungen gebunden:

Stimmt der Vater dem Antrag zu, so erhalten Sie das alleinige Sorgerecht, *ohne* daß das Gericht weitere Nachprüfungen anstellt.

In folgenden Fällen *prüft* das Familiengericht, ob die Aufhebung der gemeinsamen elterlichen Sorge und Übertragung des alleinigen Sorgerechts auf Sie dem Kindeswohl am besten entspricht:

a) wenn Ihr Kind über 14 Jahre alt ist und Ihrem Antrag widerspricht;
b) wenn der Vater Ihrem Antrag nicht zustimmt, ohne selbst das alleinige Sorgerecht zu beantragen.

Das alleinige Sorgerecht wird Ihnen voraussichtlich übertragen, wenn

- der Vater zur Zusammenarbeit in wesentlichen Erziehungsfragen nicht fähig ist oder sie verweigert (er behindert z.B. jede von Ihnen gewünschte Entscheidung aus nicht verständlichen Gründen),
- der Vater keinerlei Interesse am Wohlergehen des Kindes zeigt (z.B. keinen Kontakt mit dem Kind hält),
- der Vater sich seinen Unterhaltsverpflichtungen nachhaltig entzieht,
- der Vater gegen Sie oder das Kind gewalttätig war,
- der Vater von Alkohol oder Drogen abhängig ist oder
- die äußeren Lebensumstände für eine Aufhebung des gemeinsamen Sorgerechts sprechen. Dabei wird z.B. eine große Entfernung zwischen den Wohnorten der Eltern nicht immer ausreichen. Wenn der Vater aber zusätzlich schwer

erreichbar ist, dann wird das Gericht wohl die gemeinsame elterliche Sorge aufheben.

Wenn Ihr Ehemann seinerseits die alleinige elterliche Sorge beantragt und den Aufenthalt der Kinder bei sich beansprucht, muß das Familiengericht entscheiden, wo das Kind auf Dauer lebt und wer von den Eltern das alleinige Sorgerecht haben soll. Es stellt dann zusätzliche Prüfungen an, wie z. B.

- Bei wem ist das Kind am besten aufgehoben?
- Zu welchem Elternteil hat das Kind die engere Beziehung?
- Wer hat das Kind bisher überwiegend betreut und versorgt?
- Welcher Elternteil ist Hauptbezugsperson?
- Bei wem wohnt das Kind und von wem wird es zum Zeitpunkt der Trennung bzw. der Sorgerechtsentscheidung versorgt?
- Unter welchen Umständen bleiben dem Kind seine persönlichen Lebensumstände (Kindergarten, Schule, Freundeskreis) und seine wichtigsten Bezugspersonen am ehesten erhalten?
- Bei welchem Elternteil bleibt der Zusammenhalt mit den Geschwistern am besten erhalten?
- Wer hat mehr Zeit und Bereitschaft für die Betreuung der Kinder (Freizeitgestaltung, Beaufsichtigung von Schularbeiten usw.) und fördert sie besser? Damit ist nicht gemeint, daß Sie nicht berufstätig sein können. Allerdings muß dann für ausreichende Betreuung gesorgt sein (z. B. Tagesmutter, Kindergarten oder neuer Partner, mit dem sich auch Ihr Kind gut versteht). Der Vater wird meistens keine besseren Möglichkeiten haben als Sie, wenn er berufstätig ist.
- Wer ist in der Lage, die Kinder in ihrer persönlichen und gefühlsmäßigen Entwicklung besser zu fördern?
- Keine Bedeutung hat die Frage, wer die sogenannte Schuld an der Trennung trägt.

Nach unserer Einschätzung ist nicht von zentraler Bedeutung, wie die elterliche Sorge aufgeteilt ist, sondern bei wem die Kinder leben. Besteht darüber Einigkeit zwischen den Eltern, ist die rechtliche Vertretung der Kinder eher nachrangig. Sie spielt ohnehin nur eine Rolle bei Fragen von erheblicher Bedeutung für das Kind. Das tägliche Zusammenleben wird dadurch nicht behindert werden. Ein «Hineinregieren» des anderen Elternteils in das Leben der Restfamilie ist dadurch weitgehend ausgeschlossen, daß die Entscheidungen in alltäglichen Fragen bei dem Elternteil liegen, in dessen Obhut die Kinder sind.

Läßt sich der gerichtliche Streit über das Sorgerecht trotz der Wahrnehmung aller Hilfsangebote nicht vermeiden, so können Ihre Kinder eine eigene Unterstützung im familiengerichtlichen Verfahren erhalten. Die Familienrichterin kann nämlich Ihrem Kind eine Pflegerin im Verfahren zur Seite stellen, die nur die Belange Ihres Kindes vertritt (eine sogenannte «Anwältin des Kindes»).

In schwierigen Sorgerechtsfällen wird das Gericht ein jugendpsychologisches Gutachten einholen. Die Gutachterin wird dann ausführliche Gespräche mit Ihnen, dem Vater und dem Kind führen.

Abänderung von Sorgerechtsregelungen

Die gerichtliche Entscheidung über die Übertragung des alleinigen Sorgerechts (oder eines Teils davon) und die Beibehaltung des gemeinsamen Sorgerechts können auf Antrag später wieder abgeändert werden: entweder dahingehend, daß das Sorgerecht wieder beiden Elternteilen zustehen soll oder nunmehr einem allein. Voraussetzung dafür ist, daß dies dem Wohl des Kindes am besten entspricht.

Entscheidungen über das Sorgerecht, die *vor dem 1.7.1998*

rechtskräftig geworden sind, sind auf Antrag abänderbar. Die Abänderung erfolgt nicht automatisch durch die Gesetzesänderung.

2. Wie ist es mit dem Umgangsrecht?

Auch nach Trennung und Scheidung der Eltern haben Kinder meist das Bedürfnis, die Beziehung zu Vater *und* Mutter zu erhalten. Deshalb kennt unser Gesetz ein Recht des Kindes auf Umgang mit dem Elternteil, mit dem es nicht zusammen wohnt. Und es verpflichtet beide Eltern ausdrücklich, alles zu unterlassen, was das Verhältnis des Kindes zu dem anderen Elternteil beeinträchtigt.

Vereinbarung eines einverständlichen Umgangsrechts

Wenn Sie sich einverständlich getrennt haben oder bei der Scheidung keiner von Ihnen einen Antrag auf das alleinige Sorgerecht gestellt hat, werden Sie sich darüber einig sein, daß das Kind den Vater oder – wenn es bei ihm wohnt – Sie, die Mutter, regelmäßig besucht. Die beste Voraussetzung dafür, daß das Kind die Trennung gut verkraftet, ist eine einvernehmliche Absprache zwischen den Eltern über die Besuchskontakte. Die Häufigkeit, die Dauer und die Art dieser Besuche sollten auf das Alter des Kindes und dessen seelische Verfassung abgestimmt sein. Insgesamt ist es für Kinder gut, wenn sie sich auf regelmäßige Besuche einstellen können und die Abstände nicht so groß sind. Bedenken Sie, daß auch Sie Ihre freie Zeit besser für sich nutzen können, wenn eine feste Besuchsregelung besteht. Es gibt keine festgeschriebenen Regeln für die Dauer der Besuche. Die Familiengerichte schlagen häufig vor, daß das Kind jedes zweite oder dritte Wochenende beim anderen Elternteil verbringt, jeweils den zweiten Feiertag zu Ostern,

Pfingsten und Weihnachten und bei Schulkindern die Hälfte der Ferien. Es kann hilfreich sein, vor allem gleich nach der Trennung oder nach einer längeren Pause, wenn Sie das Kind zum Vater bringen und damit zeigen, daß Sie mit einem guten Kontakt Ihres Kindes zu seinem Vater einverstanden sind.

Bei älteren Kindern kann sich jedoch eine genaue Festlegung der Umgangstage nachteilig auswirken. Die Kinder haben häufig eigene Interessen, wollen am Wochenende Freunde und Freundinnen besuchen oder haben sich zu Veranstaltungen verabredet und können dann eine starre Besuchsregelung als Verplanung oder Zwang empfinden. Am besten beteiligen Sie Ihre älteren Kinder an der Entscheidung.

Ihr Mann hat das Recht, die Kinder alleine zu sehen, zu sich zu nehmen oder mit ihnen etwas zu unternehmen. Er kann die Kinder auch zu seinen Freunden oder Verwandten mitneh-

men, wenn dies den Kindern nicht schadet. Das gleiche gilt, wenn die Kinder z.B. die neue Freundin Ihres Mannes kennenlernen sollen. Nur selten wird es Gründe für die Annahme geben, daß die Kinder dadurch seelischen Schaden erleiden.

Wenn beide Eltern eine Umgangsregelung für das Kind wünschen, sich aber über die Einzelheiten nicht einigen können, sollten Sie sich zunächst Rat und Hilfe beim Jugendamt holen. Dies gilt auch, wenn im Laufe der Zeit der Vater die Besuchstermine ständig verschieben will oder kurzfristig absagt. Das Jugendamt wird ohnehin eingeschaltet, falls Sie beim Familiengericht beantragen, daß die Einzelheiten des Umgangsrechts verbindlich festgelegt werden. Dies ist auch möglich, wenn Sie sich über die gemeinsame elterliche Sorge einig sind.

Wenn bei der Trennung oder Scheidung einer von Ihnen das alleinige Sorgerecht bekommen hat, ist es im Prinzip genauso: Das Kind hat ein Recht, den anderen Elternteil zu sehen.

Probleme bei der Ausübung des Umgangsrechts

Möglicherweise möchten Sie Ihr Kind nicht zum Vater geben, weil Sie Probleme befürchten, z. B.

- daß der Vater Sie kontrollieren und auf Sie Druck ausüben will,
- daß er Ihr Kind aushorcht und sich in Ihre neue Familie einmischt,
- daß er Sie bei der Übergabe des Kindes beschimpft oder bedroht
- oder daß er Ihnen das Kind nicht wieder zurückgibt.
- Vielleicht werfen Sie dem Vater auch vor, daß er keinen Unterhalt für das Kind zahlt,
- oder Sie vermuten einen sexuellen Mißbrauch Ihres Kindes durch den Vater.

In all diesen Fällen ist es erforderlich, daß Sie sich Rat und Hilfe beim Jugendamt, einer Anwältin oder beim Gericht holen. Ob diese Befürchtungen und Probleme einen Grund für den Ausschluß des Umgangsrechts darstellen, kann immer nur das Familiengericht entscheiden. In vielen Fällen kann aber schon durch Beratung eine Lösung gefunden werden, die Sie und Ihr Kind vor Gefahren schützt. So wird bei dem Verdacht des sexuellen Mißbrauchs ein Umgangsrecht nur unter Aufsicht des Jugendamtes stattfinden können, bei Entführungsgefahr muß möglicherweise der Paß hinterlegt werden. Schwierigkeiten bei der Übergabe des Kindes können vermieden werden, wenn eine Person Ihres Vertrauens das Kind zum Vater bringt oder Sie begleitet.

Wenn der Vater keinen Unterhalt zahlt oder sich vor der Trennung auch wenig um das Kind gekümmert hat, so ist dies kein Grund, das Umgangsrecht zu verweigern. Die Unterhaltszahlung muß auf andere Weise durchgesetzt werden, ein fehlender Kontakt zwischen Kind und Vater behutsam angebahnt werden, z.B. durch Besuche ohne Übernachtung und zunächst für wenige Stunden.

Wichtig ist dabei, daß auch der umgangsberechtigte Elternteil Pflichten hat:

Er darf Ihre Beziehung zum Kind nicht stören, Sie nicht schlechtmachen und das Kind nicht aushorchen. Vereinbarte Besuchstermine muß er einhalten oder frühzeitig verlegen.

Die Kosten, die durch die Besuche entstehen, trägt der Umgangsberechtigte allein; sie können nicht vom Unterhalt abgezogen werden (siehe dazu auch Seite 72).

Gründe für einen Ausschluß des Umgangsrechts

Es gibt allerdings Fälle, in denen es schädlich ist, wenn das Kind den anderen Elternteil besucht:

- wenn das Kind aus nachvollziehbaren Gründen jeden Kontakt ablehnt, etwa weil es miterlebt hat, daß der Vater die Mutter mißhandelt hat;
- wenn der Vater dem Kind in irgendeiner Form Gewalt angetan hat;
- wenn der Vater das Kind nachweislich sexuell mißbraucht hat
- oder wenn der Vater gar nicht in der Lage ist, etwa wegen Alkoholismus, sich während der Besuchszeit auf das Kind einzustellen.

In diesen Fällen sollten Sie das Kind nicht zum Vater schicken. Wenn er dennoch darauf besteht, das Kind zu sehen, soll er ruhig beim Familiengericht einen Antrag auf Regelung des Umgangsrechts stellen. Wenn ihm soviel an dem Umgangsrecht liegt, daß er deshalb zum Familiengericht geht, können Sie am besten dort alle Ihre Einwände gegen ein Umgangsrecht vorbringen. Natürlich können Sie auch von sich aus beim Familiengericht einen Ausschluß des Umgangsrechts für eine längere Zeit oder auf Dauer beantragen. Dazu muß aber eine Gefährdung des Kindes durch die verlangten Besuchskontakte vorliegen. In einem solchen Verfahren wird das Familiengericht die Eltern und das Kind sowie das Jugendamt anhören und eventuell auch ein psychologisches Gutachten einholen.

Umgangsrecht von Verwandten

Manchmal wird bei der Trennung und Scheidung vergessen, daß die Kinder auch in ihren Beziehungen zu anderen Verwandten betroffen sind. Ihr Kind hat vielleicht zu Familienmitgliedern seines Vaters, etwa zur Großmutter, zu Geschwistern, die bei ihm wohnen, oder zum Stiefvater eine enge Beziehung. Wenn diese Personen Kontakt zum Kind haben wollen oder Ihr Kind solche Wünsche äußert, müssen Sie überlegen, ob dies für Ihr Kind gut ist. Das Kind soll nicht zwischen den Familien hin- und hergerissen werden, aber es hat vielleicht eine andere Beziehung zu den Verwandten als Sie und wird sich über Besuche dort freuen.

Großeltern und auch Geschwister haben grundsätzlich ein Recht auf Umgang mit Ihrem Kind und können deshalb, wenn es nicht zu einer Einigung mit Ihnen kommt, beim Familiengericht einen Antrag stellen, damit dort eine Regelung getroffen wird.

3. Wer zahlt für die Kinder und wieviel?

Das Kind erhält den Barunterhalt von dem Elternteil, bei dem es nicht lebt und der es nicht täglich betreut. Keine Rolle hierbei spielt, wie das Sorgerecht verteilt ist. Sowohl beim gemeinsamen als auch beim alleinigen Sorgerecht kommt es darauf an, ob das Kind im Haushalt der Mutter oder im Haushalt des Vaters lebt. Wenn das Kind in Ihrem Haushalt lebt, ist der Vater verpflichtet, Unterhalt zu zahlen. Sie als Mutter müssen dann alle Schritte unternehmen, um den Unterhalt Ihres Kindes durchzusetzen.

Die Höhe des Unterhalts

Seit dem 1. Juli 1998 gilt die Regelbetragsverordnung. Sie setzt die Regelbeträge des Unterhalts für minderjährige Kinder fest. Die Beträge sind für die alten und neuen Bundesländer unterschiedlich. Die Regelbetragsverordnung ist Bestandteil des ebenfalls seit dem 1. Juli 1998 geltenden Kindesunterhaltsgesetzes. Hierin wird bestimmt, daß sich die Regelbeträge erstmals zum 1. Juli 1999 ändern und danach zum 1. Juli jeden zweiten Jahres. Die dann gültige Höhe wird durch Verordnung vom Justizministerium bekanntgegeben.

Die Höhe der Unterhaltsbeiträge ist abhängig von
- dem Alter des Kindes,
- dem Nettoeinkommen des Verpflichteten,
- der Höhe und der Zuordnung des staatlichen Kindergeldes,
- der Anzahl der Personen, denen der Verpflichtete Unterhalt zu zahlen hat,
- dem Selbstbehalt des Vaters (Mindestbetrag für seinen eigenen Unterhalt),
- möglichen Einkünften der Kinder.

Düsseldorfer Tabelle

In den alten Bundesländern gilt die Düsseldorfer Tabelle:

	Nettoeinkommen des Barunterhaltspflichtigen (Anm. 3, 4)	Altersstufen in Jahren (§ 1612a III BGB)				Vomhundertsatz	Bedarfskontrollbetrag (Anm. 6)
		0–5	6–11	12–17	ab 18		
1.	bis 2400	349	424	502	580	100	1300/ 1500
2.	2400–2700	374	454	538	621	107	1600
3.	2700–3100	398	484	573	662	114	1700
4.	3100–3500	423	514	608	702	121	1800
5.	3500–3900	447	543	643	743	128	1900
6.	3900–4300	471	570	677	783	135	2000
7.	4300–4700	496	603	713	824	142	2100
8.	4700–5100	524	636	753	870	150	2200
9.	5100–5800	559	679	804	928	160	2350
10.	5800–6500	594	721	854	986	170	2500
11.	6500–7200	629	764	904	1044	180	2650
12.	7200–8000	664	806	954	1402	190	2800
13.	über 8000	nach den Umständen des Falles					

In den neuen Bundesländern wird die Berliner Tabelle angewendet:

Berliner Tabelle

Altersstufen in Jahren (Der Regelbetrag einer höheren Altersstufe ist ab dem Beginn des Monats maßgebend, in den der 6. bzw. 12. Geburtstag fällt.)		0–5 (Geburt bis 6. Geburtstag)	6–11 (6. bis 12. Geburtstag)	12–17 [–20*] (12. bis 18. Geburtstag) * [18. bis 21. Geburtstag, wenn noch in der allg. Schulausbildung und im Elternhaushalt lebend]	Vomhundertsatz Ost	Vomhundertsatz West
Nettoeinkommen des Barunterhaltspflichtigen in DM						
Gruppe						
a)	bis 1800	314	380	451	100,0	
b)	1800–2100	332	402	476	105,5	
c)	2100–2400	349	424	502	111,1	
	ab 2400	wie Düsseldorfer Tabelle (aber ohne 4. Altersstufe und ohne Bedarfskontrollbetrag)				
Gruppe						
1	bis 2400	349	424	502	111,1	100
2	2400–2700	374	454	538	119,1	107
3	2700–3100	398	484	573	126,7	114
4	3100–3500	423	514	608	134,7	121
5	3500–3900	447	543	643	142,3	128
6	3900–4300	471	570	677	150,0	135
7	4300–4700	496	603	713	157,9	142
8	4700–5100	524	636	753	166,8	150
9	5100–5800	559	679	804	178,0	160
10	5800–6500	594	721	854	189,1	170
11	6500–7200	629	764	904	200,3	180
12	7200–8000	664	806	954	211,4	190
	über 8000	nach den Umständen des Falles				

Die Düsseldorfer und die Berliner Tabelle, die von den meisten Gerichten – z. T. allerdings mit Abweichungen – angewandt werden, sind auf den Fall zugeschnitten, daß ein Vater für Frau und zwei Kinder Unterhalt leistet. Hat er für weniger als drei Personen Unterhalt zu zahlen, können Sie für Ihr Kind mehr verlangen, als Sie den Tabellen entnehmen. Anhaltspunkt dafür kann der Betrag aus der nächsthöheren Stufe der Tabelle sein.

Muß Ihr Mann für mehr als drei unterhaltsberechtigte Personen aufkommen, müssen Sie damit rechnen, daß Abstriche von den Tabellenwerten gemacht werden.

Das Alter des Kindes

Für die Berechnung des Unterhalts spielt das Alter des Kindes eine Rolle. Man zählt in drei Altersstufen:

a) erste Altersstufe: 0 bis 5 Jahre (bis zum 6. Geburtstag)
b) zweite Altersstufe: 6 bis 11 Jahre (bis zum 12. Geburtstag)
c) dritte Altersstufe: 12 bis 17 Jahre (bis zum 18. Geburtstag)

Volljährige Kinder werden ihren minderjährigen ehelichen und nichtehelichen Geschwistern gleichgestellt, wenn sie im Haushalt der Eltern oder eines Elternteils leben und zur Schule gehen. Für sie werden in den Tabellen ebenfalls Beträge festgelegt.

Die Höherstufung in die nächste Altersstufe beginnt am 1. des Monats, in dem das Kind Geburtstag hat.

Was ist das Nettoeinkommen?

In der äußeren Spalte der Tabelle stehen die Einkommensgruppen, nach denen sich die Höhe des Unterhalts in der betreffenden Altersstufe richtet. Die durch Verordnung festgesetzten Regelbeträge werden als 100 Prozent gesetzt (Vomhundertsatz Ost bzw. West). Sie erhöhen sich prozentual in den einzelnen Einkommensgruppen.

Die Grundlage für die Berechnung des monatlichen Kindesunterhalts ist das bereinigte durchschnittliche monatliche Nettoeinkommen des Vaters. Dies entspricht häufig nicht dem Auszahlungsbetrag auf der Lohn- und Gehaltsabrechnung eines Monats. Angefallene Überstunden, Urlaubs- und Weihnachtsgeld oder andere Zuwendungen sind einzubeziehen. Fahrgeld oder beruflich notwendige Aufwendungen (wie z.B. Gewerkschaftsbeiträge) sind abzuziehen. Wie das durchschnittliche Nettoeinkommen des Unterhaltsverpflichteten zu ermitteln ist, stellen wir ausführlich auf den Seiten 92ff. dar.

Das Nettoeinkommen von Selbständigen wird anders berechnet. Auf die Besonderheiten bei selbständig tätigen Personen weisen wir auf den Seiten 94ff. hin.

Zur Berechnung des Unterhalts muß Ihnen Ihr Mann vollständig Auskunft über sein Einkommen geben. Er hat Ihnen die Gehaltsnachweise der letzten zwölf Monate vorzulegen. Wenn er zusätzliche Einkünfte erzielt hat, z.B. aus Vermögen, Vermietung oder dem Lohnsteuerjahresausgleich, muß er Ihnen darüber auch Unterlagen vorlegen, die den Zeitraum von einem Jahr betreffen.

In welcher Form die Selbständigen Auskunft über ihre Nettoeinkünfte erteilen müssen, beschreiben wir auf den Seiten 94f.

Kommen Sie an die Einkommensunterlagen Ihres Mannes nicht heran und gibt er Ihnen nicht freiwillig Auskunft, so können Sie ihn verklagen. Die Klage auf Auskunft kann gleichzeitig mit einer Unterhaltsklage beim Familiengericht eingereicht werden.

Anrechnung des Kindergeldes

Seit dem 1. Januar 1997 beträgt das monatliche Kindergeld

- DM 220,- für das erste Kind,
- DM 220,- für das zweite Kind,
- DM 300,- für das dritte Kind,
- DM 350,- für jedes weitere Kind.

Das Kindergeld wird bis zur Vollendung des 18. Lebensjahres des Kindes gezahlt, unabhängig davon, ob das Kind sich in einer Ausbildung befindet oder eigene Einkünfte hat.

Auch für volljährige Kinder wird in der Regel bis zur Vollendung des 21. Lebensjahres Kindergeld weiter gezahlt, wenn sie arbeitslos sind, und bis zum vollendeten 27. Lebensjahr, wenn sie in der Ausbildung sind. Das müssen Sie der Familienkasse des Arbeitsamtes rechtzeitig vor dem 18. Geburtstag Ihres Kindes nachweisen.

Wenn das volljährige Kind eigenes Einkommen von jährlich über DM 12 000,– hat, wird kein Kindergeld mehr gezahlt.

Bei getrennt lebenden Eltern wird das Kindergeld häufig weiter an denjenigen gezahlt, der es auch schon vor der Trennung erhalten hat. Das ist meistens der Vater. Wenn die Kinder aber allein von Ihnen betreut werden, müßten Sie eigentlich bei der Familienkasse den Antrag stellen, daß das Kindergeld an Sie gezahlt wird. Denn das Kindergeld steht der Person zu, die die Kinder betreut. Ob dies in Ihrem Fall für Sie günstig ist, besprechen Sie mit Ihrer Anwältin. Bei minderjährigen Kindern wird die Hälfte des Kindergeldes auf den Tabellenunterhalt angerechnet. Bei jedem Kind wird konkret der Kindergeldbetrag angerechnet, der gerade auf dieses Kind entfällt, z. B. für das dritte Kind der Betrag von zur Zeit DM 300,–. Erhalten Sie als Mutter das Kindergeld, bekommen Sie den Tabellenunterhalt abzüglich des hälftigen Kindergeldes, also

z. B. statt DM 349,– aus Gruppe 1 nur DM 239,– (Kürzung um DM 110,–), wenn das Kindergeld DM 220,– beträgt.

Bezieht der Vater das Kindergeld, muß er zusätzlich zum Tabellenunterhalt die Hälfte des Kindergeldes hinzuzahlen.

Zur Verdeutlichung haben wir für die Berechnung des Unterhalts unter Berücksichtigung der Zahlung des Kindergeldes folgende Beispiele gebildet:

1. Beispiel:
Ein zehnjähriges und ein vierjähriges Kind leben bei der Mutter, die ein eigenes Einkommen hat. Der Vater verdient DM 2450,– netto. Die Mutter erhält das Kindergeld von je DM 220,–, insgesamt DM 440,– monatlich. Der Vater wird nach unserem Beispiel in die zweite Stufe der Düsseldorfer Tabelle eingruppiert, da er nur für seine zwei Kinder Unterhalt zahlt, für die Mutter aber nicht. Er zahlt damit:

für das vierjährige Kind	DM 374,–
abzüglich der Hälfte des Kindergeldanteils	DM 110,–
	DM 264,–

für das zehnjährige Kind	DM 454,–
abzüglich der Hälfte des Kindergeldanteils	DM 110,–
	DM 344,–

Erhält der Vater das Kindergeld ausgezahlt, so zahlt er:

für das vierjährige Kind	DM 374,–
zuzüglich der Hälfte des Kindergeldanteils	DM 110,–
	DM 484,–

für das zehnjährige Kind	DM 454,–
zuzüglich der Hälfte des Kindergeldanteils	DM 110,–
	DM 564,–

Selbstbehalt des Vaters

Wenn das Einkommen des Vaters so niedrig ist, daß nach der Unterhaltszahlung nicht einmal der sogenannte Selbstbehalt übrigbleiben würde, braucht der Vater in der Regel nicht den vollen Unterhalt zu zahlen. Der Selbstbehalt ist der Betrag, der dem Vater zum Leben verbleiben muß. Die Höhe des Selbstbehalts wird in den Gerichtsbezirken unterschiedlich angesetzt. Die Beitragshöhe ist auch davon abhängig, ob der Vater erwerbstätig oder dauerhaft nicht erwerbstätig ist. Der Selbstbehalt liegt in der Regel zwischen DM 1300,– und DM 1500,–. Bei Unterhaltszahlungen gegenüber volljährigen Kindern wird der Selbstbehalt zwischen DM 1600,– und DM 1800,– angesetzt.

Der Vater ist verpflichtet zu arbeiten, um Unterhaltszahlungen zu gewährleisten. Tut er dies absichtlich nicht oder hat er eine frühere Tätigkeit ohne Grund aufgegeben, kann er trotzdem vom Familiengericht zu Unterhaltszahlungen verurteilt werden. Das Gericht legt das früher erzielte Arbeitseinkommen zugrunde. Allerdings ist es praktisch nicht möglich, ihn zu einer Arbeitsaufnahme zu zwingen, so daß eine zwangsweise Eintreibung des Unterhalts schwierig ist.

Die Verletzung der Unterhaltspflicht ist strafbar. Sie können daher eine Anzeige wegen Unterhaltspflichtverletzung gegen den Vater erstatten. Es besteht die Chance, daß der Vater dann eine Arbeit aufnimmt, weil er Angst hat, bestraft zu werden.

Der sogenannte «Mangelfall»

Reicht das Einkommen des Vaters nicht aus, den Bedarf der gleichrangigen Unterhaltsberechtigten zu decken und ihm den notwendigen Eigenbedarf (Selbstbehalt) zu belassen, liegt ein Mangelfall vor.

In einem solchen Mangelfall wird der Geldbetrag, der den notwendigen Eigenbedarf übersteigt, prozentual auf die Unterhaltsberechtigten aufgeteilt. Die hier durchzuführenden Berechnungen sind schwierig. Lassen Sie sich beraten!

Wenn der Vater nicht einmal den Mindestbetrag an Kindesunterhalt zahlt, steht der Mutter das *gesamte* Kindergeld zu.

Mehrbedarf

Das Kind kann in bestimmten Fällen sogenannten Mehrbedarf oder Sonderbedarf geltend machen.

Einige Gerichte erkennen z. B. Konfirmations- und Kommunionskosten als Sonderbedarf an. Unter bestimmten Umständen müssen auch Nachhilfestunden zur Überbrückung vorübergehender Schulschwierigkeiten, z. B. nach einer Krankheit, vom Vater als Sonderbedarf getragen werden. Dasselbe sollte für Kosten bei aufwendigen Klassenreisen gelten.

Sie müssen Ihrem Ehemann rechtzeitig mitteilen, welchen zusätzlichen Unterhalt er zahlen soll. Wenn es z. B. um die Kosten für eine Klassenreise geht, schicken Sie ihm sofort die schriftlichen Unterlagen der Schule über die voraussichtlich entstehenden Kosten zu.

Im Hinblick auf laufenden Mehrbedarf, wie Beiträge für den Sportverein, Musikunterricht und Tanzstunden, kann eine anteilige Zahlung des Vaters in Frage kommen.

Kann der Vater den Unterhalt kürzen, wenn er mit dem Kind Ferien verbringt?

Der Vater hat dazu kein Recht. Denn alle Kosten für das Kind, außer Essen und Trinken, laufen weiter. Die zusätzlichen Ausgaben, die der Vater während der Ferien für das Kind hat, muß er im Rahmen seines Umgangsrechts allein tragen.

Eigenes Einkommen des minderjährigen Kindes

Wenn Kinder eigene Einkünfte haben, verringert sich der vom Vater zu zahlende Unterhalt. Von diesen Einkünften kann das Kind seine berufsbedingten Aufwendungen, z. B. Fahrgeld oder Berufskleidung, abziehen sowie einen Pauschbetrag von DM 150,– für ausbildungsbedingten Mehrbedarf, wenn das minderjährige Kind eine Ausbildung macht. Von dem übrigen Betrag ist die Hälfte auf den Unterhaltsbetrag anzurechnen, den der Vater zu zahlen hat.

Unterhalt volljähriger Kinder

Das volljährige Kind kann gegenüber beiden Eltern einen Anspruch auf Barunterhalt haben. Diesen muß es im eigenen Namen geltend machen. Im Unterschied zu den minderjährigen Kindern müssen beide Elternteile im Verhältnis ihrer Einkünfte für den Unterhalt aufkommen. Wer allerdings weniger als den Selbstbehalt, d. h. DM 1600,– (Nichterwerbstätige) oder DM 1800,– (Erwerbstätige), monatlich netto verdient, ist nicht unterhaltspflichtig.

Kinder, die volljährig sind, haben einen Unterhaltsanspruch, wenn sie *Schüler* (dazu beachte S. 75), Auszubildende oder Studenten sind oder trotz Bemühungen keine Arbeits- oder Ausbildungsstelle finden. Dieser Unterhaltsanspruch ist nicht einheitlich geregelt. Die Gerichte in den verschiedenen Bundesländern sprechen den Kindern zwischen DM 451,– und DM 1100,– monatlich zu. Die Höhe des Barunterhalts des volljährigen Kindes hängt auch davon ab, ob das Kind noch zu Hause wohnt oder bereits ausgezogen ist.

Das Einkommen der volljährigen Kinder, z. B. die Ausbildungsvergütung, wird um berufsbedingte Aufwendungen wie Fahrgeld oder Berufskleidung und einen Pauschalbetrag von

DM 150,– bereinigt, der in der Regel den allgemeinen und ausbildungsbedingten Mehrbedarf des Kindes abdecken soll.

Das Kindergeld wurde bisher den erwachsenen Kindern von den Eltern in voller Höhe zur Verfügung gestellt. Diese Möglichkeit ist jetzt nur noch gegeben, wenn das Kindergeld direkt an das Kind ausgezahlt wird. Nach der seit dem 1. 7. 1998 geltenden gesetzlichen Regelung zur Kindergeldverrechnung ist das Kindergeld im Normalfall mit dem Haftungsanteil des jeweiligen Elternteils, d. h. dem von einem Elternteil zu zahlenden Anteil am Unterhalt, zur Hälfte zu verrechnen, wobei sich der Haftungsanteil aus dem vollen Unterhaltsanspruch des Kindes ergibt. Bei dem Elternteil, der das Kindergeld bezieht, erhöht sich der Haftungsanteil um das halbe Kindergeld. Beim anderen Elternteil ermäßigt sich der Haftungsanteil um das halbe Kindergeld.

Beispiel: Das volljährige Kind hat einen eigenen Hausstand. Beide Eltern haben ein gleich hohes Einkommen. Das Kind studiert und hat einen vollen Unterhaltsanspruch in Höhe von DM 1100,–. Der Vater bekommt das Kindergeld. Der Haftungsanteil des Vaters beträgt DM 550,– und erhöht sich um die Hälfte des Kindergeldes (+ DM 110,–). Der Vater muß DM 660,– zahlen.

Der Haftungsanteil der Mutter beträgt DM 550,–. Da sie das Kindergeld nicht bezieht, ermäßigt sich ihr Haftungsanteil um DM 110,–. Sie muß nur DM 440,– zahlen.

Wenn nur der Vater leistungsfähig ist und das Kindergeld bekommt, muß er allein den vollen Bedarf des Kindes abdekken, das heißt, er muß dem Kind DM 1100,– zahlen. Er behält aber auch das volle Kindergeld.

Ansprüche von minderjährigen Kindern und Ehefrauen gehen denen von volljährigen Kindern vor. Also kann es vorkommen, daß das volljährige Kind keinen Unterhalt erhält, weil die Eltern mit ihrem Einkommen nur den Unterhalt für sich und die minderjährigen Kinder decken können. *Ausnahme:* das volljährige bei einem Elternteil lebende Kind bis 21 Jahre, welches noch zur Schule geht:

Unterhalt volljähriger, im Haushalt eines Elternteils lebender Schüler bis 21 Jahre

Die volljährigen bei einem Elternteil lebenden Schüler bis 21 Jahre sind seit dem 1. Juli 1998 den minderjährigen Kindern und dem unterhaltsberechtigten Elternteil rangmäßig gleichgestellt. Sie gehen bei Mangelfällen, wo das Geld des Unterhaltspflichtigen nicht für alle Unterhaltszahlungen ausreicht, nicht mehr leer aus.

Die Eltern müssen jedoch beide Barunterhalt zahlen, da für das volljährige Kind ja keine Betreuungsleistung mehr erbracht werden muß. Der Unterhaltsanspruch des volljährigen Kindes, welches noch zur Schule geht und bei einem Elternteil lebt, richtet sich nach den zusammengerechneten Einkommen beider Eltern und ist der Altersstufe 4 der Düsseldorfer Tabelle zu entnehmen.

Wie wird der Unterhaltsanspruch gegen den Vater des Kindes durchgesetzt?

Zahlt der Vater unregelmäßig oder keinen Unterhalt und sind die Ansprüche auch noch nicht gerichtlich geregelt, müssen Sie ihn möglichst bald zur Zahlung auffordern. Es ist auch ausreichend, wenn Sie den Vater zur Auskunft über sein Einkommen zum Zwecke der Geltendmachung eines Unterhaltsanspruchs auffordern. Sie erhalten nämlich den Kindesunterhalt ab dem 1. des Monats, in dem das Aufforderungsschreiben zur Zahlung und / oder Auskunftserteilung dem Vater zuging. Schreiben Sie ihm deshalb sofort, wenn Sie kein Geld erhalten haben. Am besten ist es, Sie schicken ihm einen Brief als Einschreiben mit Rückschein, damit Sie die Aufforderung zur Zahlung in einem Prozeß beweisen können. (Machen Sie sich eine Kopie!)

Der Brief könnte etwa so lauten:

Traute Stark
Am Burggraben 13
10557 Berlin

per Einschreiben und Rückschein

Herrn
Hans Stark
Am Markt 7

20357 Hamburg Berlin, den ...

Lieber Hans,

Du hast in diesem Monat keinen Unterhalt für unsere Kinder bezahlt. Du verdienst monatlich DM 2800,– netto. Ich habe in der Düsseldorfer Tabelle nachgesehen. Du zahlst für mich keinen Unterhalt. Deshalb mußt Du nach der Gruppe 4 der Düsseldorfer Tabelle bezahlen, und zwar für Felix (4 Jahre) DM 423,– und für Anna (6 Jahre) DM 514,– monatlich. Ich erhalte das Kindergeld von monatlich DM 440,–. Beiden Kindern werden daher von den Unterhaltsbeträgen jeweils DM 110,– abgezogen. Für Felix hast Du daher DM 313,– und für Anna DM 404,– zu zahlen, und zwar diesen Monat umgehend.
Bitte, zahle in Zukunft Unterhalt bis zum 3. Werktag eines jeden Monats. Andernfalls kann ich den Kindesunterhalt beim Familiengericht einklagen.

Mit freundlichen Grüßen
Traute

Falls der Vater nicht freiwillig zahlt, muß er verklagt werden. Lassen Sie Ihre Rechtsanwältin prüfen, ob der Vater für die Klage einen Prozeßkostenvorschuß leisten kann. Wenn Sie und Ihr Mann nur geringes Einkommen haben, erhalten Sie für die Klage Prozeßkostenhilfe.

Ist Ihr Kind jünger als 12 Jahre und zahlt der Vater nicht, können Sie den Regelunterhalt monatlich von der Unterhaltsvorschußkasse beim Jugendamt erhalten. Dies jedoch nur für maximal 6 Jahre. Sie müssen aber auf jeden Fall Ihren Mann verklagen und der Unterhaltsvorschußkasse das Urteil des Familiengerichts vorlegen.

Nur wenn feststeht, daß von Ihrem Mann kein Unterhalt zu erwarten ist (z. B. wenn er selbst Sozialhilfe bezieht, wenn er in Haft ist oder wenn der Aufenthaltsort unbekannt ist), ist es nicht notwendig, daß Sie ihn verklagen. Dann zahlt die Unterhaltsvorschußkasse auch ohne Vorlage eines Unterhaltsurteils.

Erhält Ihr Mann Arbeitslosengeld, Krankengeld oder eine Rente, gibt es noch einen einfacheren Weg. Sie brauchen weder vor dem Gericht zu klagen noch später zu vollstrecken. Sie erhalten einen Teil des Arbeitslosengeldes, Krankengeldes oder der Rente unmittelbar vom öffentlichen Leistungsträger. (Dies gilt allerdings nicht für Unterhaltsrückstände.)

Um die *Abzweigung* des Unterhaltsbetrages zu erreichen, müssen Sie beim Arbeitsamt, der Krankenkasse oder der Rentenversicherung – möglichst unter Angabe der Versicherungsnummer Ihres Mannes, jedenfalls seines Geburtsdatums – einen Antrag stellen, die monatlichen Unterhaltszahlungen direkt an Sie zu überweisen (abzuzweigen). Der Mann erhält dann nur den verbleibenden Rest.

Dieses Verfahren gilt sowohl für den Kindesunterhalt als auch für Ihren eigenen Unterhalt, dann aber nur bis zur Scheidung. Für den Abzweigungsantrag nach § 48 SGB gibt es Formulare bei den Leistungsträgern. Schneller geht es, wenn Sie einen entsprechenden Brief schreiben:

Traute Stark
Am Burggraben 13
10557 Berlin

An das
Arbeitsamt Hamburg
20335 Hamburg Berlin, den …

Betr.: Abzweigung nach § 48 SGB
Hans Stark, Am Markt 7, 20357 Hamburg
Geburtsdatum …, Stamm-Nr. …

Hiermit stelle ich den Antrag, von der laufenden Leistung an meinen Ehemann Hans Stark (Arbeitslosengeld bzw. -hilfe oder Unterhaltsgeld / Unterhaltsleistungen) für mich und meine Kinder
Ulla, geb. am …
Michael, geb. am …

den Unterhalt in angemessener Höhe abzuzweigen.
Meine Konto-Nr. lautet: … bei der Sparkasse … (BLZ …).

Mit freundlichen Grüßen
Traute Stark

Falls Sie bereits ein Unterhaltsurteil haben, können Sie statt «in angemessener Höhe» schreiben «in Höhe des titulierten Betrages, siehe Fotokopie».

Neue Rechtslage zur Höhe und Durchsetzung des Kindesunterhalts

Das ab Juli 1998 geltende Recht gibt Ihnen die Möglichkeit, den Unterhalt für Ihr Kind auch für die Zukunft festlegen zu lassen. Sie können jetzt schon beantragen, daß sich der Unterhalt für Ihr Kind automatisch erhöht, wenn sich der Regelsatz erhöht und / oder Ihr Kind in die nächste Altersstufe kommt. Im Einzelfall sollten Sie dies mit Ihrer Rechtsanwältin besprechen, die dann den Klageantrag für Sie stellen wird.

Mit der Vereinheitlichung des Kindesunterhalts für eheliche und nichteheliche Kinder richtet sich in Zukunft der Kindesunterhalt nach der Regelbetragsverordnung. Zur Zeit betragen die Regelsätze DM 349,–, DM 424,– und DM 502,–. Der Unterhaltsbetrag aus der nächsten Altersstufe ist ab dem 1. des Monats zu zahlen, in dem das Kind das betreffende Alter erreicht hat. Die Regelbeträge, die jetzt gelten, werden ab dem 1. 7. 1999 entsprechend den Rentenerhöhungen der beiden letzten Jahre und danach alle zwei Jahre angehoben. Wie die Düsseldorfer Tabelle werden diese Erhöhungen in den Zeitungen und im Fernsehen veröffentlicht werden.

Wenn z. B. der Vater ein festes Arbeitsverhältnis hat, aus dem er ein bestimmtes Nettoeinkommen erzielt, könnte es zweckmäßig sein, in einem Gerichtsverfahren zu beantragen, daß der Vater den Regelbetrag oder z. B. 114 Prozent des jeweiligen Regelbetrages der jeweiligen Altersstufe abzüglich DM 110,– Kindergeld an Sie für das Kind bezahlt.

Was kann ich tun, wenn die Unterhaltshöhe geändert werden soll?

Die Höhe des Kindesunterhalts kann sich aus vielen Gründen ändern:

- Das Kind kann in eine andere Altersstufe kommen;
- die Düsseldorfer oder Berliner Tabelle hat sich geändert;
- das Einkommen des Vaters hat sich erhöht;
- andere Kinder, denen der Vater auch unterhaltsverpflichtet ist, haben eigenes Einkommen.

Eine Abänderung, zu der der Vater nicht freiwillig bereit ist, kann nur mit einer Klage erreicht werden. In der Klage müssen Sie vortragen, welche Umstände früher vorlagen und was sich jetzt geändert hat. Sie müssen nachweisen, daß die Grundlagen für die Unterhaltsberechnung sich derart verändert haben, daß Sie nun für Ihr Kind einen mindestens um zehn Prozent höheren Unterhaltsbetrag verlangen können.

Auch der Vater hat ein Abänderungsrecht, z. B. wenn er weniger verdient, wenn er arbeitslos wird oder für weitere Kinder zahlen muß.

Hinweis:
Sie können für Ihr Kind nicht auf seinen Unterhaltsanspruch verzichten. Möglich ist allerdings, daß Sie sich in einem Scheidungsfolgenvergleich verpflichten, den Vater von Unterhaltsansprüchen des Kindes freizuhalten. Diese Abmachung bedeutet aber, daß Sie für immer an Stelle des Vaters für den Kindesunterhalt aufkommen müssen. Bevor Sie eine solche weitgehende Vereinbarung treffen, sollten Sie sich unbedingt anwaltlich beraten lassen.

Wann muß ich Unterhalt für die Kinder zahlen?

Wenn Ihr Ehemann von Ihnen verlangt, daß Sie sich trotz der Kinderbetreuung auch am Barunterhalt für die Kinder beteiligen sollen, so ist diese Forderung ungerechtfertigt. Dabei spielt es keine Rolle, ob Sie ganztägig berufstätig sind und die Kinder in einer Kindertagesstätte oder von einer Tagesmutter betreut werden. Es ist gleichgültig, wann Sie Ihre Betreuungsleistung für das Kind erbringen. Sie kann auch in den Abendstunden oder am Wochenende erfolgen.

Erst wenn Ihr Kind volljährig ist, müssen Sie sich unter Umständen am Barunterhalt beteiligen.

Wenn die Kinder beim Vater leben, vertauschen sich auch die Rollen in finanzieller Hinsicht. Sie müssen dann nach den oben beschriebenen Grundsätzen Unterhalt für die Kinder entsprechend Ihren monatlichen Einkünften zahlen.

4. Kindertagesstätten

Sie haben sich von Ihrem Mann getrennt und wollen wieder erwerbstätig sein. Dann taucht für Sie das Problem auf, wo Sie Ihr Kind während der Arbeitszeit unterbringen können. Nicht jeder hat Eltern oder Freunde, die diese Aufgabe tagtäglich übernehmen können und wollen. Auch wird Ihnen das Arbeitsamt eher eine Stelle vermitteln können, wenn Sie schon eine Unterbringungsmöglichkeit haben.

Einer alleinstehenden Frau mit Kind, die berufstätig ist oder sein will, steht ein Anspruch auf einen staatlichen Tagesheimplatz zu. Diese Plätze sind allerdings sehr knapp, und oft sind die Wartezeiten lang. Um einen solchen Platz zu bekommen, müssen Sie bei der für Sie zuständigen *Jugendbehörde* oder *Familienfürsorge* (je nach Bundesland) einen Antrag stellen.

Wenn Ihr Einkommen niedrig ist, beantragen Sie, daß die Kosten für den Platz in der Kindertagesstätte von der Behörde übernommen werden. Einen Teil der Kosten müssen Sie eventuell selbst tragen. Die Höhe dieses Anteils hängt von der Zahl und dem Alter Ihrer Kinder, Ihrem Einkommen und Ihren festen Ausgaben ab. Die Berechnung ist in den einzelnen Bundesländern unterschiedlich. Da man die entsprechenden Vorschriften großzügig oder kleinlich auslegen kann, ist es wichtig, daß Sie der Behörde Ihre Notlage deutlich machen.

Die Kosten werden nur übernommen, wenn Ihr Kind in ein Tagesheim kommt, welches in dem behördlichen Verzeichnis der Kindereinrichtungen aufgeführt ist. Fragen Sie das Jugendamt, die Familienfürsorge oder die Heimaufsicht des Landesjugendamts nach dem Verzeichnis.

Es gibt viele Tagesheime, die nicht in diesem Verzeichnis aufgeführt sind, also von den Behörden noch nicht anerkannt werden. Diese haben oft ein besseres Erziehungsprogramm, liegen vielleicht sehr günstig in der Nähe Ihrer Wohnung oder Ihres Arbeitsplatzes, vielleicht gehen Freunde Ihres Kindes auch dorthin. Dann sollten Sie unbedingt versuchen, die Übernahme der Kosten durch die Behörde zu erreichen. Schließen Sie sich dazu mit anderen Eltern zusammen. Wahrscheinlich wird Sie auch die Tagesheimleitung unterstützen. Vielleicht wird dann auch dieses Heim in das Verzeichnis aufgenommen.

In einigen Bundesländern gibt es auch die Möglichkeit, das Kind bei einer behördlich anerkannten Tagesmutter in Pflege zu geben. Die Kosten einer solchen Tagesmutter können je nach Einkommen ganz oder teilweise von der Behörde übernommen werden. Auch hierzu sind entsprechende Anträge bei der Jugendbehörde / Familienfürsorge notwendig.

5. Welchen Nachnamen trägt das Kind nach der Scheidung der Eltern?

Nach der Scheidung behält Ihr Kind grundsätzlich den ehelichen Nachnamen, auch wenn Sie Ihren Geburtsnamen wieder annehmen oder wieder heiraten und den Namen Ihres neuen Mannes annehmen.

Sie können aber beim Standesamt einen Namensänderungsantrag für Ihr Kind stellen. Früher war es sehr schwierig, eine solche Namensänderung für das Kind zu erreichen, da man nachweisen mußte, daß die Namensänderung für das Wohl des Kindes unbedingt erforderlich ist.

Diese Rechtsprechung hat das oberste deutsche Verwaltungsgericht Ende 1995 geändert. Seitdem kann eine Namensgleichheit des Kindes mit dem allein sorgeberechtigten Elternteil als dem Kindeswohl förderlich angesehen und eine Namensänderung bewilligt werden.

In einer anderen Entscheidung hat das Bundesverwaltungsgericht auch die sogenannte Einbenennung in die neue Familie bei Wiederverheiratung der Mutter erleichtert. Hier müssen noch andere Gründe hinzukommen, um die Förderlichkeit für das Kindeswohl zu begründen, so z. B. das Vorhandensein von Halb- oder Stiefgeschwistern.

Diese Grundsätze des Kindeswohls gelten im wesentlichen für jüngere Kinder bis etwa zum 14. Lebensjahr. Bei älteren Kindern kann deren Persönlichkeitsrecht die Namensänderung erfordern; dies wird jedoch seltener der Fall sein.

6. Kinder, die vor oder nach Rechtskraft der Scheidung geboren werden

Kinder, die bis zur Rechtskraft einer Scheidung geboren werden, gelten zunächst als eheliche Kinder Ihres Ehemannes. Diese gesetzliche Vermutung ist unabhängig von der tatsächlichen Vaterschaft. Was zur Anfechtung dieser vermuteten Ehelichkeit des Kindes zu tun ist, stellen wir nachfolgend unter Ziffer 7 dar.

Kinder, die nach Rechtskraft einer Scheidung geboren werden, sind nichtehelich. Stammt das Kind doch noch von Ihrem nun geschiedenen Ehemann ab, so gilt er nicht als Vater und muß auch keinen Unterhalt für das Kind zahlen. Er kann aber die Vaterschaft mit Ihrer Zustimmung anerkennen. Will er dies nicht, können Sie ihn auf Feststellung der Vaterschaft vor dem Familiengericht verklagen. Die Vaterschaftsanerkennung oder gerichtliche Feststellung der Vaterschaft ist Voraussetzung dafür, daß er dem Kind Unterhalt schuldet.

Sind Sie bei Geburt Ihres Kindes allerdings schon wieder verheiratet, gilt Ihr neuer Ehemann als Vater, egal ob das Kind wirklich von ihm abstammt. Allerdings kann die Ehelichkeit von Ihnen, Ihrem Ehemann oder dem Kind angefochten werden.

7. Anfechtung der Ehelichkeit des Kindes

Wenn bei der Geburt des Kindes noch kein Scheidungsantrag eingereicht ist, können Sie, das Kind oder Ihr Ehemann die Vaterschaft nur in einem gerichtlichen Verfahren anfechten. Zuständig für diese sogenannte Anfechtungsklage ist das Familiengericht.

Sie muß innerhalb von zwei Jahren erhoben werden, nachdem der jeweilige Kläger die Umstände erfahren hat, die gegen eine Ehelichkeit des Kindes sprechen.

Das Kind hat bei Eintritt in die Volljährigkeit noch einmal ein eigenständiges Anfechtungsrecht, wenn sein gesetzlicher Vertreter zu Zeiten seiner Minderjährigkeit die Anfechtung unterlassen hat.

8. Notarielle Anerkennung der Vaterschaft nach Einreichen des Scheidungsantrages

Wird Ihr Kind in der Zeit zwischen eingereichtem Scheidungsantrag und noch nicht rechtskräftiger Ehescheidung geboren, gelten Besonderheiten. In diesem Fall kann der tatsächliche Vater Ihres Kindes bei einer Notarin die Vaterschaft anerkennen. Wenn Sie und Ihr «Noch-Ehemann» der Anerkennung zustimmen – dies muß ebenfalls notariell geschehen –, wird diese Vaterschaftsanerkennung wirksam. Alle Beteiligten können sich also eine kostspielige Anfechtung der Ehelichkeit in einem späteren Gerichtsverfahren auf diese Weise sparen. Die Anerkennung wird immer erst wirksam mit Rechtskraft der Scheidung. Sie kann vom Vater noch bis zu einem Jahr nach Rechtskraft der Scheidung erklärt werden.

Wählen die Beteiligten diesen Weg nicht, so kann die Vaterschaft nur noch in der oben beschriebenen, gerichtlichen Weise angefochten werden.

4. Kapitel

Wovon lebe ich während der Trennungszeit?

Die Trennungszeit beginnt, wenn Sie keinen gemeinsamen Haushalt mehr mit Ihrem Mann führen. Auch innerhalb der ehelichen Wohnung können Sie und Ihr Mann getrennt leben (siehe 1. Kapitel, 1. Abschnitt, Seite 16ff.). Die Trennungszeit dauert bis zur Rechtskraft des Scheidungsurteils. Haben Sie in dieser Zeit kein ausreichendes eigenes Einkommen, gibt es folgende Möglichkeiten, Ihren Unterhalt zu finanzieren:

- Ihr Mann kommt für den Unterhalt auf;
- das Sozialamt zahlt, wenn Ihr Mann nicht genug verdient oder nicht freiwillig zahlt;
- Sie versuchen, für eine Umschulung oder Weiterbildung staatliche Förderung zu erhalten.

Hinweis: Das Unterhaltsrecht ist äußerst kompliziert geworden. Wir können Ihnen hier nur einen groben Überblick geben. Lassen Sie sich deshalb möglichst frühzeitig von Ihrer Anwältin beraten, in welchem Umfang Sie Unterhalt beanspruchen können. Nur so ist schon zu Beginn der Trennungszeit Ihre Haushalts- und Lebensführung planbar. Ihre Anwältin wird Sie auch darauf hinweisen, welche Fehler Sie keinesfalls machen dürfen, wenn Sie Ihren Unterhaltsanspruch nicht gefährden wollen. Vergleiche dazu in diesem Kapitel Seite 87, 88 und 90.

1. Muß mein Mann während der Trennungszeit für meinen Unterhalt aufkommen?

Die Trennungszeit ist noch Ehezeit. Das erste Trennungsjahr soll dazu dienen, noch einmal zu überlegen, ob die Scheidung wirklich unausweichlich ist oder ob es Möglichkeiten gibt, die Ehe fortzusetzen. Deshalb brauchen Sie im ersten Trennungsjahr keine einschneidenden Veränderungen in Ihrer Lebensführung zu befürchten. Wenn Sie z. B. Ihre Kinder betreuen oder auf 620-Mark-Basis arbeiten, können Sie dies weiter tun. Sind Sie Hausfrau ohne eigenes Erwerbseinkommen, brauchen Sie sich zunächst noch nicht nach einer Arbeit umzusehen. Fühlen Sie sich nach der Trennung völlig entmutigt und niedergeschlagen, können Sie sich Zeit nehmen und erst einmal zur Ruhe kommen.

Vor allem wenn Sie kleine Kinder zu betreuen haben oder wenn Sie schon während der Ehe aus gesundheitlichen Gründen zu Hause geblieben sind, wird eine Berufstätigkeit für Sie *unzumutbar* sein. Auch wenn Sie wegen Ihres Alters oder wegen der schlechten Arbeitsmarktlage keine Arbeit finden können, muß Ihr Mann für Ihren Unterhalt aufkommen.

Haben Sie wegen der Heirat Ihre Ausbildung unterbrochen oder gar nicht erst begonnen, können Sie nach der Trennung von Ihrem Mann Unterhalt fordern, um einen Beruf zu erlernen. Sie dürfen damit aber nicht warten, bis die Scheidung ausgesprochen ist, sondern müssen auch in diesem Falle, natürlich nach einer angemessenen Warte- und Überlegungszeit, schon in der Trennungszeit mit der Ausbildung beginnen.

Waren Sie schon während der Ehe erwerbstätig und sind arbeitslos geworden, müssen Sie sich sofort nach der Trennung wieder neu bewerben. Üben Sie schon eine Tätigkeit aus, dürfen Sie diese nicht ohne weiteres aufgeben. Wenn Sie nur deshalb während der Ehe arbeiten konnten, weil Ihr Mann während dieser Zeit auf die Kinder aufgepaßt hat, müssen Sie diese sogenannte überobligatorische Tätigkeit nicht fortsetzen, wenn die Kinderbetreuung durch Ihren Ehemann nun entfällt. Die Kosten für eine anderweitige Kinderbetreuung im Kindergarten oder privat können bei der Unterhaltsberechnung berücksichtigt werden. Verdienen Sie weniger als Ihr Mann, so steht Ihnen nach der Trennung ein Unterhaltsanspruch zu.

Je länger Sie getrennt leben, desto stärker wird von Ihnen erwartet, daß Sie sich auf die veränderte Lage einstellen und Ihre eigene Erwerbstätigkeit vorbereiten oder aufnehmen. Spätestens nach Ablauf des ersten Trennungsjahres müssen Sie sich sogar intensiv um einen Arbeitsplatz oder eine Umschulungsmaßnahme kümmern, wenn Sie dazu in der Lage sind und Ihnen eine Arbeitsaufnahme zumutbar ist. Ist das nicht der Fall und verdient Ihr Mann ausreichend, haben Sie einen Anspruch auf Trennungsunterhalt.

Wenn Sie merken, daß sich Ihr Mann von Ihnen trennen will oder Sie selbst die Trennung wollen, sollten Sie eine Ihnen *zumutbare* Berufstätigkeit möglichst vor der Trennung aufnehmen, weil dies sich günstig auf die Höhe Ihres Unterhaltsanspruchs auswirkt.

Dieser bemißt sich nämlich nach den sogenannten ehelichen Lebensverhältnissen. Waren diese nur durch das Einkommen Ihres Mannes geprägt, so stehen Ihnen grundsätzlich $^3/_7$ seines Nettoeinkommens zu, und Ihr neuer (aus nach der Trennung begonnener Tätigkeit) Eigenverdienst wird darauf angerechnet. Dies nennt man *Anrechnungsmethode*.

Haben Sie schon vor der Trennung mitgearbeitet, bestimmten Ihr Einkommen *und* das Ihres Mannes die sogenannten ehelichen Lebensverhältnisse. Dann stehen Ihnen grundsätzlich $^3/_7$ der Differenz beider Einkommen zu. Dies nennt man die sogenannte *Differenzmethode*. Diese Methode ist meistens günstiger für Sie.

Dazu drei Beispiele:

1. Beispiel:
Die Frau hat schon vor der Trennung eine Arbeit aufgenommen. Sie verdient DM 1000,– netto monatlich, der Mann DM 3000,– netto monatlich. Dann verdient er also DM 2000,– mehr als Sie. Von dieser Differenz (Differenzmethode) stehen Ihnen $^{3}/_{7}$ zu, also DM 857,–. Mit ihrem eigenen Verdienst haben Sie dann monatlich DM 1857,–

2. Beispiel:
Die Frau nimmt erst nach der Trennung eine Arbeit auf und verdient monatlich DM 1000,–. Der Mann bezieht wiederum DM 3000,–. Dann waren die ehelichen Verhältnisse durch den Verdienst des Mannes geprägt, da die Ehefrau vor der Trennung noch nicht mitgearbeitet hatte. $^{3}/_{7}$ von DM 3000,– machen DM 1286,– aus. Hierauf wird nun aber der eigene Verdienst von DM 1000,– angerechnet (Anrechnungsmethode), so daß nur noch DM 286,– verbleiben, die von dem Ehemann als Unterhalt gefordert werden können. Sie haben in diesem Fall zusammen mit Ihrem Eigenverdienst monatlich DM 1286,–.

Wir meinen, daß die Anrechnungsmethode sich gegen die Frauen richtet, die sich nach der Trennung eine eigene Existenz aufbauen und vorher Hausfrauen waren. Es ist nicht einzusehen, daß die Frau, die schon vor der Trennung gearbeitet hat, sich finanziell besser stellt als diejenige, die erst nach der Trennung berufstätig wird. Deshalb wird die Anrechnungsmethode auch verschiedentlich kritisiert.

Inzwischen wird die Anrechnungsmethode dadurch abgemildert, daß die Ehefrau sogenannten trennungsbedingten Mehrbedarf (z. B. höhere Miet- und Nebenkosten, Raten für Darlehen, die Sie zur Finanzierung der Mietkaution, der Maklerprovision oder von notwendigem Hausrat aufgenommen haben) geltend machen kann.

Die Rechtsprechung wendet die Anrechnungsmethode nicht an, wenn Sie schon vor der Trennung in Teilzeit gearbeitet haben und diese Tätigkeit zwischen Trennung und Rechtskraft der Scheidung zur Ganztagstätigkeit ausweiten. Wäre dies auch ohne die Trennung geschehen und war dies schon vor der Trennung geplant, wird die Differenzmethode angewandt.

3. Beispiel:
Sie wollten schon immer Vollzeit arbeiten, wenn Ihr Kind ein bestimmtes Alter erreicht hat. Der Fall tritt nach der Trennung ein, und Sie stocken deshalb Ihre Arbeitszeit auf. Dann gilt die sog. Differenzmethode. Deshalb sollten Sie sich grundsätzlich gegen die Anrechnungsmethode zur Wehr setzen und im Streitfall Ihrer Anwältin Ihre beruflichen Planungen vor der Trennung schildern, damit diese sie dem Familiengericht vortragen kann.

Hinweis:
Sie gefährden Ihren Unterhaltsanspruch, wenn Sie mit Ihrem Freund zusammenziehen.

Sie können Ihren Unterhaltsanspruch ganz verlieren, wenn es Ihrem Mann gelingt, im Unterhaltsprozeß nachzuweisen, daß Sie «aus der intakten Ehe ausgebrochen» sind, um mit Ihrem Freund zusammenzuziehen.

Wenn Ihr Freund nicht der Grund für die Trennung ist und

Sie später mit ihm zusammenziehen, kann sich Ihr Unterhaltsanspruch verringern. Entweder wird davon ausgegangen, daß die gemeinsame Haushaltsführung weniger kostet und deshalb Ihr Unterhaltsbedarf geringer ist. Beispielsweise kann Miete, die Sie sparen oder von Ihrem Freund verlangen können, Ihren Unterhaltsanspruch schmälern. Oder es kann unterstellt werden, daß Sie bezahlte Hausarbeit für Ihren Freund leisten, insbesondere, wenn Sie keine Berufstätigkeit ausüben. Wenn Sie keine Hausarbeit für Ihren Freund machen, weil er diese selbst erledigt, müssen Sie das dem Gericht beweisen.

Falls Sie sich von Ihrem Freund wieder trennen, kann Ihr Unterhaltsanspruch gegen Ihren Mann wieder aufleben.

2. Wieviel Unterhalt muß mein Mann mir zahlen?

Die Höhe Ihres Unterhaltsanspruchs richtet sich hauptsächlich danach, wie hoch das anrechenbare Einkommen Ihres Mannes ist. Einkommen sind Arbeitseinkommen einschließlich Sonderzahlungen sowie Ortszuschläge, Pensionen und Renten aller Art, Krankengeld, Arbeitslosenunterstützung, auch Nebenverdienste und Mieteinnahmen sowie Erträge aus Kapitalvermögen, z. B. Zinsen und Steuerrückzahlungen. Jedes Einkommen ist bei der Unterhaltsberechnung zu berücksichtigen, auch der sog. Wohnvorteil, d. h. das mietfreie Wohnen im eigenen Haus oder der Eigentumswohnung.

Mein Mann ist abhängig beschäftigt

Erhält Ihr Mann neben seinem festen Monatsgehalt z. B. als Angestellter oder Beamter noch andere Zahlungen seines Arbeitgebers (am häufigsten sind: 13. und 14. Gehalt, Weihnachtsgeld, Urlaubsgeld, Tantiemen, Gewinnbeteiligung), so zählen auch diese Einkünfte zum Verdienst. Die innerhalb eines Jahres erhaltenen Beträge werden zusammengerechnet, durch zwölf geteilt und zum monatlichen Nettogehalt hinzugezählt. Hat Ihr Mann ein schwankendes Einkommen, z. B. weil er monatlich verschieden viele Überstunden macht, so wird auch hier Ihr Unterhalt nach dem monatlichen Durchschnittseinkommen Ihres Mannes im letzten Jahr berechnet.

Bekommt Ihr Mann vom Arbeitgeber Spesen o. ä. Zahlungen, weil er außerhalb seines Arbeitsplatzes, z. B. als reisender Monteur oder Handelsvertreter, eingesetzt wird, so ist seinem Einkommen der Teil der Spesen hinzuzurechnen, den er nicht tatsächlich auf Reisen verbraucht hat. Hier macht der von Berufs wegen Reisende manchmal einen «Schnitt» beim Verpflegungssatz. Wenn Sie meinen, daß Ihr Mann aus seinen Reisespesen ein verstecktes Einkommen übrigbehält, sollten Sie Belege verlangen. Zum Einkommen zählt auch der geldwerte Vorteil eines Firmenwagens.

Eine Abfindung für den Verlust des Arbeitsplatzes zählt auch zum Einkommen. In welcher Höhe, muß immer im Einzelfall geprüft werden.

Viele Ehefrauen wissen nicht, was ihre Männer verdienen. Viele Ehemänner halten ihre Frauen bewußt im unklaren über ihr Einkommen und geben ihnen nur Haushaltsgeld. Wenn Sie Ihre Trennung vorbereiten, sollten Sie sich die Kontoauszüge und Verdienstbescheinigungen bzw. Einkommensbelege Ihres Mannes ansehen und sich Fotokopien machen. Nutzen Sie auch Ihre Informationschance beim Antrag auf Lohnsteuerjahresausgleich bzw. bei der Einkommenssteuererklärung. Diese Formulare müssen bei gemeinsamer Veranlagung von Ihnen gemeinsam unterschrieben werden. Hier haben Sie spätestens eine Möglichkeit, das gesamte Einkommen Ihres Mannes im abgelaufenen Kalenderjahr zu erfahren. Deshalb machen Sie sich Fotokopien.

Sie haben ohnehin das Recht, sich von Ihrem Mann die Belege über sein gesamtes Brutto- und Nettoeinkommen (z. B. Gehaltsabrechnungen, Leistungsbescheide usw.) der letzten zwölf Monate, auch den letzten Steuerbescheid und die letzte Steuererklärung, vorlegen zu lassen. Gibt er diese Unterlagen nicht freiwillig heraus, können Sie ihn auf Auskunft verklagen.

Was kann vom Einkommen abgezogen werden?

Vom ermittelten Bruttoeinkommen sind die Steuern und Sozialversicherungsbeiträge abzuziehen. Weiter können die Ausgaben abgezogen werden, die Ihr Mann für seine berufliche Tätigkeit hat: Fahrgeld, Berufskleidung, seine berufliche Weiterbildung (Bücher, Kurse), Gewerkschaftsbeiträge o. ä. Diese Ausgaben müssen aber für den Beruf Ihres Mannes unbedingt erforderlich sein, und sie müssen von ihm belegt werden.

Fährt Ihr Mann mit dem Auto zur Arbeit, so kann er in der Regel die Kosten dafür absetzen. Diese muß er konkret nachweisen und dann auch Belege dafür vorlegen. Manche Gerichte ziehen pauschal fünf Prozent des Nettoeinkommens als berufsbedingte Ausgaben des Mannes ab. Allerdings gibt es hier auch Höchstgrenzen.

Wenn die finanziellen Verhältnisse eng sind und es zumutbar ist, die öffentlichen Verkehrsmittel zu benutzen, können nur die Kosten einer Monatskarte abgesetzt werden.

Mein Mann ist selbständig

Ist Ihr Mann selbständig, ist die Ermittlung seines Einkommens sehr viel schwieriger.

Bei Selbständigen gilt als Einkommen der zu versteuernde Gewinn. Von diesem Gewinn werden die im laufenden Jahr anfallenden Steuern abgezogen sowie im angemessenen Rahmen die Beiträge zur Krankenversicherung und Altersvorsorge.

Da die Höhe des Einkommens aus selbständiger Tätigkeit sehr schwankend ist, wird grundsätzlich das Durchschnittseinkommen aus dem Gewinn der letzten drei vollständigen Kalenderjahre ermittelt. Sie können von Ihrem Mann die Vorlage seiner Gewinn- und Verlustrechnungen und Bilanzen sowie Steuerbescheide und Steuererklärungen der letzten drei Jahre verlangen. Wenn Ihr Mann keine Bilanzen erstellen muß, z. B. als Taxifahrer, Gastwirt usw., muß er Ihnen die Einnahme- und Überschußrechnungen der letzten drei Jahre nebst Steuerbescheiden und Steuererklärungen vorlegen.

Nach dem Steuerrecht gibt es für einen Selbständigen viele Möglichkeiten, seinen Gewinn in gesetzlich erlaubter Weise vor der Versteuerung dadurch zu verkleinern, daß er in den Betrieb investiert, Abschreibungen auf vorhandenes Betriebsvermögen oder auf eine Eigentumswohnung/ein Haus vornimmt oder Teile des privaten Verbrauchs (PKW, Reisen) steuerlich einkommensmindernd einsetzt. Es ist bei den Familiengerichten anerkannt, daß nicht jede steuerrechtlich zulässige Einkommensminderung bei der Berechnung des Unterhalts maßgebend ist. Sie sollten die Zahlen aus der vorgelegten Gewinnermittlung genau prüfen. Der Selbständige kann häufig mehr Unterhalt leisten, als es nach seinem zu versteuernden Gewinn den Anschein hat.

Falls der Gewinn aus den vorgelegten Zahlen erheblich

niedriger ist, als Ihr bisheriger Lebensstandard vermuten läßt, raten wir Ihnen dringend, eine Aufstellung über Ihren bisherigen Lebensaufwand zu machen. Unter Umständen kann die Höhe Ihres Unterhalts nämlich auch nach den Entnahmen aus dem Geschäft und nach dem bisherigen Lebenszuschnitt geschätzt werden. Auch hier kann Ihr Mann mit einer Auskunftsklage gezwungen werden, die Höhe seines Einkommens und seiner Entnahmen bekanntzugeben und zu belegen.

Das so ermittelte anrechenbare Einkommen sowohl von abhängig Beschäftigten wie von Selbständigen kann um folgende Positionen bereinigt werden:

Abzug familienbedingter Schulden

Selbständige und nicht selbständig Tätige können die monatlichen Raten, die sie zur Tilgung familienbedingter Schulden zahlen müssen, berücksichtigen und vom durchschnittlichen monatlichen Einkommen abziehen, z. B. Kredite, Anschaffungen von Möbeln, Auto u. ä.

Sie müssen nicht alle Darlehensverpflichtungen Ihres Mannes als abzugsfähige Schulden anerkennen. Hat sich Ihr Mann z. B. ohne Ihr Einverständnis eine Taucherausrüstung oder ein teures Auto auf Kredit angeschafft und nimmt er diese Sachen nach der Trennung mit, können Sie darauf dringen, daß diese Schulden bei der Höhe des Unterhalts nicht berücksichtigt werden. Wenn solche Schulden in einen Kredit eingeflossen sind, der im Rahmen einer Umschuldung aufgenommen wurde, sollten sie herausgerechnet werden.

Du meinst doch wohl nicht im Ernst, daß ich das jetzt noch mitbezahle?!
Kiu

Abzug des Kindesunterhalts

Von dem anrechenbaren Einkommen ist auch der Unterhalt für die minderjährigen Kinder und für die volljährigen Schülerinnen und Schüler unter 21 Jahren, die noch zu Hause wohnen, abzuziehen. In besonders gelagerten Fällen kann hier auch der Unterhalt für volljährige Kinder berücksichtigt werden.

Berechnung des Unterhalts der Ehefrau

Der Ausgangspunkt für die Berechnung des Unterhalts der Ehefrau ist das anrechenbare durchschnittliche Nettoeinkommen des Mannes abzüglich des Kindesunterhalts und abzüglich der monatlichen Abzahlung auf familienbedingte Schulden. Dies nennt man *das bereinigte Nettoeinkommen*. Nur wenn das bereinigte Nettoeinkommen Ihres Mannes höher ist als Ihres, steht Ihnen ein Unterhaltsanspruch zu. Dieser berechnet sich dann pauschal. Die nachstehend wiedergegebene Tabelle wird in der Bundesrepublik (in den alten und neuen Ländern) am häufigsten angewandt. Sie gibt eine Übersicht darüber, in welcher Höhe die Frau von ihrem Mann nach der Trennung und nach der Scheidung Unterhalt beanspruchen kann.

Nach der Berechnung des Unterhalts ist zu prüfen, ob Ihrem Mann der sog. «Selbstbehalt», d. h. mindestens DM 1500,– bis DM 1800,–, bleibt (falls der Mann nicht erwerbstätig ist, mindestens DM 1300,–). Nur aus dem, was er darüber hinaus an Einkommen hat, muß er für Sie Unterhalt zahlen.

Da Sie nur bis zur Einreichung der Scheidung an der Altersvorsorge Ihres Mannes teilhaben, wird von Ihnen erwartet, daß Sie ab Zustellung des Scheidungsantrages Ihre eigenen Beiträge zur Fortführung Ihrer Altersversorgung zahlen und für die Zeit ab Scheidung außerdem noch Ihre eigenen Beiträge zur Krankenversicherung.

Wenn Sie einen Unterhaltsanspruch gegen Ihren Mann haben, können Sie unter Umständen zusätzlich einen Teil Ihrer Beiträge zur Altersversicherung, den sogenannten Vorsorgeunterhalt (siehe 7. Kapitel, 6. Abschnitt, Seite 153), verlangen. Dabei ist zu berücksichtigen, daß der Vorsorgeunterhalt meistens nur bei höherem Einkommen gezahlt wird und zweckgebunden für die Altersversicherung verwendet werden muß. Bitten Sie Ihre Anwältin, diesen Vorsorgeunterhalt gesondert für Sie zu prüfen und ggf. zu beantragen.

Wieviel Unterhalt bekommt die Frau?

1.	Wenn der Mann erwerbstätig ist	
a)	wenn die Frau kein Einkommen hat: 3/7 des bereinigten Nettoeinkommens aus Erwerbstätigkeit zuzüglich 1/2 der sonstigen Einkünfte, z. B. aus Vermietung, Zinseinkünfte.	
b)	wenn die Frau ebenfalls Einkommen hat:	
aa)	Doppelverdienerehe: (Differenzmethode, siehe Seite 88 ff.)	3/7 des Differenzbetrages zwischen seinem und ihrem bereinigten Nettoeinkommen.
bb)	Alleinverdienerehe: (Anrechnungsmethode, siehe Seite 89 ff.)	Differenzbetrag zwischen Unterhaltsanspruch 1. a) und dem bereinigten Einkommen der Frau.
c)	wenn die Frau erwerbstätig ist, obwohl sie es nicht zu sein braucht:	3/7 des Unterschiedsbetrages zwischen seinem und ihrem bereinigten Nettoeinkommen. Ob und in welcher Höhe das Einkommen der Frau zu berücksichtigen ist, hängt von den Umständen des Einzelfalles ab. In manchen Fällen wird ihr Verdienst voll angerechnet, in manchen Fällen gar nicht, in manchen teilweise.
2.	wenn der Mann endgültig nicht mehr erwerbstätig ist (z. B. Rentner oder Pensionär):	wie zu 1. a, b oder c, jedoch 1/2 (statt 3/7)

Hinweis:
Wenn Sie Ihren Unterhalt während der Trennung z. B. durch ein Urteil gerichtlich haben festsetzen lassen, müssen Sie beachten, daß dieser Titel nach der Scheidung hinfällig wird.

Für den nachehelichen Unterhalt brauchen Sie einen neuen Unterhaltstitel.

3. Wann zahlt das Sozialamt den Unterhalt für mich und die Kinder?

Das Sozialamt muß einspringen, wenn Sie keine andere Möglichkeit haben, den Lebensunterhalt für sich (und Ihre Kinder) zu beschaffen. Das ist nichts Ungewöhnliches, weil häufig das Geld, mit dem die ganze Familie gerade noch auskam, für zwei getrennte Haushalte nicht ausreicht. Viele der getrennt lebenden oder geschiedenen Frauen mit Kindern leben ganz oder teilweise von Sozialhilfe, z. B. weil der Mann ein zu niedriges Einkommen hat, nicht zahlen kann oder nicht zahlen will.

Beim Sozialamt sind Sie nicht Bittstellerin, sondern Sie machen von Ihrem gesetzlich garantierten Recht Gebrauch. Lassen Sie sich in keinem Fall von Ihrem Sachbearbeiter ein schlechtes Gewissen machen.

Wenn damit zu rechnen ist, daß Sie möglicherweise länger Sozialhilfe beziehen werden, ist es besonders wichtig, daß Sie gut informiert sind. Es gibt mehrere Broschüren, die die Rechte von Sozialhilfeempfängern im einzelnen und gut verständlich darstellen. Machen Sie sich die Mühe und beschaffen Sie sich eine dieser Broschüren. Für viele Städte gibt es spezielle örtliche Broschüren.

Es ist sinnvoll, die Unterlagen für den notwendigen Unterhalt gleich beim ersten Gang zum Sozialamt mitzubringen:

- Personalausweis,
- Geburtsurkunde,
- Geburtsurkunde der Kinder,
- letzte Einkommensbescheinigung des Mannes,
- ggf. Ihre eigene Einkommensbescheinigung,
- Mietvertrag,
- Belege über Nebenkosten (Heizung, Strom, Gas).

Kritisch kann die Situation werden, wenn Ihr Mann wohl zahlen könnte, sich aber weigert.

In diesem Fall müssen Sie belegen, daß Sie Ihren Mann zur Unterhaltszahlung aufgefordert haben. Dies kann am besten durch Vorlage von Kopien Ihres Aufforderungsschreibens oder eines anwaltlichen Briefes geschehen. Achten Sie darauf,

daß gleich bei Ihrem ersten Besuch der Sachbearbeiter Ihren Antrag auf Sozialhilfe mit Datum aufnimmt. Wenn Sozialhilfe bewilligt wird, dann immer erst ab Datum der Antragstellung.

Verlangt wird allerdings, daß Sie von sich aus alles unternehmen, um zu Geld zu kommen, also auch den Mann verklagen, der nicht freiwillig zahlt. Bis diese Schritte Erfolg haben, haben Sie das Recht auf Sozialhilfe. Das Sozialamt wird versuchen, sich das Geld von Ihrem Mann zurückzuholen.

Sozialhilfe muß bei dem Sozialamt beantragt werden, in dessen Bezirk Sie beim Einwohnermeldeamt eingetragen sind. Wenn Sie die eheliche Wohnung verlassen haben, müssen Sie sich also zuerst ummelden.

Welche Ansprüche habe ich?

Das Sozialamt zahlt nicht denselben Betrag, den Sie von Ihrem Mann an Unterhalt verlangen können, sondern den Sozialhilfesatz. Dieser ist in den einzelnen Bundesländern unterschiedlich. Der wichtigste Teil der Sozialhilfe ist die «Hilfe zum Lebensunterhalt», das sind die laufenden Kosten der Lebensführung. Daneben gibt es noch «einmalige Hilfen» sowie «Hilfe in besonderen Lebenslagen».

Hilfe zum Lebensunterhalt

Die Hilfe zum Lebensunterhalt besteht aus dem Regelsatz und den tatsächlichen Kosten der Wohnung einschließlich der Heizkosten. Zusätzlich gibt es für bestimmte Personenkreise den sogenannten «Mehrbedarf», etwa für kinderreiche Familien.

Der Regelsatz ist der festgelegte Geldbetrag (Sozialhilfesatz), mit dem Sie alle laufenden Lebenshaltungskosten dekken müssen, außer Heizkosten, die mit den Wohnkosten extra bezahlt werden.

Der Sozialhilfesatz wird in den Bundesländern durch Verordnung in regelmäßigen Abständen neu festgesetzt. Er gibt die Sätze an für Sie als Haushaltsvorstand oder als alleinstehende Person, die Kinder unterteilt in Altersgruppen und andere im Haushalt lebende Erwachsene ab 21 Jahren. Für Kinder bis zu 12 Jahren müssen Leistungen nach dem Unterhaltsvorschußgesetz beantragt werden. Diese Leistungen werden höchstens 6 Jahre gewährt. Danach tritt wieder die Sozialhilfe ein. Das staatliche Kindergeld, das Sie bekommen, wird von den Regelsätzen der Kinder aber wieder voll abgezogen.

Die Regelsätze sind niedrig. Beachten Sie, daß Sie für größere Anschaffungen oder größere Reparaturen gesondert Geld beantragen können, nämlich sogenannte «einmalige Beihilfen» (dazu mehr nachfolgend). Da es hierfür keine Richtlinien gibt, sollten Sie in jedem Fall einen Antrag stellen.

Auch wenn Sie erwerbstätig sind, aber nicht viel verdienen (Teilzeit, Ausbildung), können Sie zusätzlich Sozialhilfe beantragen. Bei der Berechnung Ihres Anspruchs müssen Ihre berufsbedingten Kosten (z. B. Fahrgeld, Berufskleidung) berücksichtigt werden.

Die Kosten der Wohnung bestehen aus der Miete und den Mietnebenkosten einschließlich der Heizkosten. Zu den Heizkosten gehört auch der Heizstrom etwa bei der Nachtspeicherheizung. Die anderen Kosten, wie Strom und Gas zum Kochen, müssen vom Regelsatz gezahlt werden. Möglicherweise findet das Sozialamt die Wohnung, die Sie haben, zu groß oder zu teuer. Dann kann unter Umständen von Ihnen verlangt werden, daß Sie in eine kleinere bzw. billigere Wohnung umziehen, oder die Wohnkosten werden nur teilweise übernommen. Bevor das Sozialamt für die Miete einspringt, müssen Sie Wohngeld beantragt haben (siehe Seite 46f.). Dieses wird anteilig auf Sie und Ihre Kinder umgelegt und verringert so die Wohnkosten.

Einmalige Beihilfe

Weitere Leistungen des Sozialamts, sogenannte «einmalige Beihilfen», werden für besondere Anschaffungen, größere Reparaturen, überhaupt für alle größeren Aufwendungen zusätzlich zur laufenden Hilfe zum Lebensunterhalt gewährt. Beispiele für Sonderausgaben:

- Umzugskosten;
- Renovierungskosten;
- Möbel, z. B. auch eine Waschmaschine, wenn Sie mehrere Kinder haben;

- Wohnungsausstattung (Gardinen, Teppiche, Küchengeschirr);
- Mietrückstände (oft nur, wenn deren Übernahme zur Erhaltung einer Wohnung für kleine Kinder notwendig ist);
- Rückstände von Strom- und Gaskosten, sofern kleine Kinder zu versorgen sind;
- Kleidung (normalerweise zweimal im Jahr, bei Kindern im Wachstum teilweise öfter);
- Weihnachtsbeihilfe.

In jedem Fall müssen Sie vorher einen Antrag mit Angabe der geschätzten Kosten beim Sozialamt stellen. Meist verlangt das Sozialamt zwei Kostenvoranschläge, die Sie bei verschiedenen Firmen einholen müssen. Da es häufiger vorkommt, daß die Sachbearbeiter des Sozialamts Ihnen die Notwendigkeit der besonderen Ausgaben auszureden versuchen, ist es wichtig, daß Sie den Antrag auf diese besonderen Leistungen schriftlich stellen und die Notwendigkeit dieser besonderen Ausgaben gerade zu diesem Zeitpunkt immer begründen (z. B. neue Kinderkleidung, weil das Kind aus den Sachen herausgewachsen ist; Wintermantel für Sie, weil Sie nur einen Sommermantel haben; ein neues Möbelstück, weil das alte kaputtgegangen ist).

Wenn das Sozialamt trotzdem diese besonderen Ausgaben nicht übernehmen will, verlangen Sie auf jeden Fall einen schriftlichen Ablehnungsbescheid. Nur dann können Sie gegen eine ungerechtfertigte Ablehnung vorgehen, indem Sie gegen diese Entscheidung einen schriftlichen Widerspruch einlegen. Dieser Widerspruch muß unbedingt innerhalb eines Monats nach der Ablehnung beim Sozialamt vorliegen. Ihr Widerspruchsschreiben können Sie so formulieren:

Traute Stark
Am Burggraben 13
10557 Berlin

An das
Sozialamt

Berlin, den …

Betr.: Bescheid vom…
Aktenzeichen …

Hiermit lege ich gegen den obengenannten Bescheid, der mir am … mit der Post zugegangen ist, Widerspruch ein.
Eine Begründung werde ich nachreichen.

Traute Stark

Hinweis:
Wenn Sie den Widerspruch nicht begründen, wird das Sozialamt nicht entscheiden.

Rundfunk- und Fernsehgebühren, Telefonkosten

Wer laufend Hilfe zum Lebensunterhalt bekommt, braucht keine Rundfunk- und Fernsehgebühren zu bezahlen. Bei besonderer Betreuungsbedürftigkeit werden auch die Kosten für den Telefonanschluß und die Grundgebühr vom Sozialamt übernommen. Sie müssen für beides einen zusätzlichen Antrag stellen.

Hilfe in besonderen Lebenslagen

Darüber hinaus können Sie noch sogenannte «Hilfe in besonderen Lebenslagen» beantragen.

Dieses können Sie auch dann tun, wenn Sie keine Sozialhilfe bekommen, aber wenig verdienen.

Beispiele:
- Kosten für die Krankenversicherung, wenn Sie nicht anderweitig versichert sind;
- zusätzliche Kosten für die Betreuung eines kranken oder behinderten Kindes;
- Kosten für besondere Ernährung (Diät);
- Kosten für Verhütungsmittel;
- Kosten für Kinderverschickung;
- Kosten für Erholungsaufenthalte der Mutter.

Hier besteht ein wichtiger Unterschied zur Hilfe zum Lebensunterhalt. Bei der Prüfung dieser Ansprüche geht das Sozialamt nur von Ihrem Einkommen und dem der Kinder aus. Das Einkommen Ihres Mannes oder anderer Unterhaltsverpflichteter wird nicht berücksichtigt. Das Sozialamt kann sich diese Beträge auch nicht von diesen Personen zurückholen.

5. Kapitel

Steuern

1. Wann muß / kann ich meine Steuerklasse ändern lassen?

Wenn Sie von Ihrem Ehemann «dauernd getrennt» leben, hat dies steuerliche Konsequenzen, nämlich die Änderung der Steuerklasse. «Dauernd getrennt» leben heißt, daß die Hausgemeinschaft auf Dauer und nicht nur vorübergehend aufgelöst ist, weil die Scheidung beabsichtigt ist. Das Getrenntleben muß dem Finanzamt mitgeteilt werden. Wenn Sie das nicht tun, weil Sie die bisherigen Steuerklassen für vorteilhafter halten, kann es passieren, daß das Finanzamt nachträglich höhere Steuern fordert, wenn es später von dem Getrenntleben erfährt.

Die bisherigen Steuerklassen können Sie und Ihr Ehemann nur so lange beibehalten, bis das Kalenderjahr, in dem Sie sich getrennt haben, vorbei ist. Möchten Sie die Steuerklasse noch im Trennungsjahr ändern, benötigen Sie die Zustimmung Ihres Ehemannes. Nach Ablauf des Trennungsjahres können Sie die Steuerklasse ohne Zustimmung Ihres Ehemannes ändern.

Die geänderte Steuerklasse können Sie bei Ihrer Gemeinde, die die Lohnsteuerkarten ausgestellt hat, auf Ihrer Lohnsteuerkarte eintragen lassen. Es ist nicht zulässig, die Steuerklassenänderung hinauszuschieben, bis die Ehe geschieden ist.

Unter Punkt 5 ist näher erklärt, wie sich die Änderung der Steuerklassen auswirkt und was Sie beachten müssen.

2. Welche ist die richtige Steuerklasse?

Die Steuerklassen sind für die Höhe der Lohnsteuer besonders wichtig. Lohnsteuer muß von allen gezahlt werden, die in einem Arbeitsverhältnis stehen, also nicht selbständig tätig sind. Welche Steuerklasse für Sie als getrennt lebende Ehefrau in Frage kommt, können Sie den nachstehenden Erläuterungen entnehmen.

Es gibt sechs Steuerklassen:

Steuerklasse I:	Für Arbeitnehmerinnen, die ledig sind, dauernd getrennt leben oder geschieden sind.
Steuerklasse II:	Gleicher Personenkreis wie Steuerklasse I, aber mindestens ein Kind wird berücksichtigt. In diese Steuerklasse ist ein Haushaltsfreibetrag für Alleinerziehende eingearbeitet, der die Steuerlast erheblich mindern kann.
Steuerklasse III:	Für verheiratete Arbeitnehmerinnen, die nicht dauernd getrennt leben. Wird in der Regel für den besser verdienenden Ehegatten gewählt, wenn ein Ehegatte keine oder nur eine Teilzeitbeschäftigung ausübt, die dann nach Steuerklasse V versteuert wird.
Steuerklasse IV:	Gilt für verheiratete Arbeitnehmerinnen. Beide Ehegatten erzielen etwa gleich hohe Einkünfte aus nichtselbständiger Tätigkeit und leben nicht ge-

	trennt. Die Höhe der Steuern entspricht der Steuerklasse I.
Steuerklasse V:	Wie bei Steuerklasse III, jedoch muß ein Ehegatte nach Steuerklasse III eingestuft sein. Der Steuerabzug ist bei Steuerklasse V relativ hoch.
Steuerklasse VI:	Für Arbeitnehmerinnen, die gleichzeitig bei mehreren Arbeitgebern beschäftigt sind.

Bei dauerndem Getrenntleben fallen die Steuerklassen III, IV und V weg, es kommen also nur noch die Steuerklassen I, II oder VI in Betracht. Ob für Sie Steuerklasse I oder II zutreffend ist, hängt entscheidend davon ab, wem die Kinder zuzuordnen sind.

3. Wem sind die Kinder zuzuordnen?

Kinder bringen steuerliche Vorteile. Wer sie auf der Lohnsteuerkarte hat, spart Steuern. Für Zwecke der Steuerklasseneinteilung werden Kinder nur einem Elternteil zugeordnet, und zwar grundsätzlich dem, bei dem sie gemeldet sind. Auch wenn Kinder bei beiden Elternteilen gemeldet sind, werden sie für die Steuerklasseneinteilung nur einem Elternteil zugeordnet.

Beispiele:

- *Sie leben im zweiten Jahr getrennt oder sind geschieden, die Kinder leben bei Ihnen und sind auch bei Ihnen gemeldet.*

In diesem Fall werden die Kinder Ihnen zugeordnet, auf Ihrer Lohnsteuerkarte wird deshalb Steuerklasse II eingetragen. Der Vater erhält Steuerklasse I, auch wenn er die Unterhaltskosten für die Kinder trägt.

- *Sie leben von Ihrem Ehemann dauernd getrennt. Ihre Tochter ist bis Januar in der Wohnung des Vaters gemeldet. Nun wird Ihnen das Sorgerecht für Ihre Tochter zugesprochen, Ihre Tochter zieht zu Ihnen und wird nun auch bei Ihnen angemeldet.*

Da Ihre Tochter zu Beginn des Jahres beim Vater in der Wohnung gemeldet war, wird ihm das Kind zugeordnet, und er erhält für das ganze Jahr Steuerklasse II. Auf Ihrer Lohnsteuerkarte wird Steuerklasse I eingetragen. Im nächsten Jahr bekommen Sie Steuerklasse II und der Vater Steuerklasse I.

4. Kinderfreibeträge

In Anbetracht des hohen Kindergeldes werden Kinderfreibeträge bei der Berechnung der Lohnsteuer grundsätzlich nicht mehr berücksichtigt. Kinder wirken sich jedoch nach wie vor auf die Höhe des Solidaritätszuschlags und der Kirchensteuer aus.

Der Kinderfreibetrag beträgt ab 1997 für jeden Elternteil DM 288,– monatlich, für beide Elternteile zusammen DM 576,–. Die Jahresbeträge belaufen sich somit auf DM 3456,– bzw. DM 6912,–. Sie können wahlweise ab 1. 1. 1996 den Freibetrag oder das Kindergeld (siehe 3. Kapitel, 3. Abschnitt, Seite 69f.) in Anspruch nehmen. Beides gleichzeitig geht nicht. Wenn Sie nicht wissen, was für Sie steuerlich günstiger ist, so macht das nichts, denn das Finanzamt prüft nachträglich beim Lohnsteuerjahresausgleich oder bei der Einkommensteuerveranlagung von Amts wegen, ob durch das Kindergeld die verfassungsrechtlich gebotene Steuerfreistellung des Existenzminimums eines Kindes erreicht wird. Ist das nicht der Fall, wird der Kinderfreibetrag berücksichtigt und das bereits gezahlte Kindergeld verrechnet. Sie erhalten «automatisch» eine Steuererstattung. Ist für Sie der Bezug von Kindergeld steuerlich günstiger, bleibt es dabei.

Wenn Sie und Ihr Ehemann zusammenveranlagt werden, steht Ihnen auch im Jahr der Trennung ein gemeinsamer Kinderfreibetrag zu. Bei getrennter Veranlagung erhält jeder nur einen Kinderfreibetrag in Höhe der Hälfte. Im Jahr nach der Trennung erhält dann jeder Ehegatte grundsätzlich für gemeinsame Kinder den halben Kinderfreibetrag. Jedes Kind wird auf der Lohnsteuerkarte mit dem Zähler 0,5 berücksichtigt.

Eine Übertragung des Kinderfreibetrages von einem auf den anderen Elternteil ist seit dem 1. 1. 1996 grundsätzlich nicht mehr möglich. Eine Ausnahme gilt für den Fall, daß Ihr Ehemann entweder keinen oder nur sehr wenig Kindesunterhalt zahlt. Bitte informieren Sie sich auf jeden Fall bei Ihrer Anwältin oder auch beim Finanzamt, ob eine Übertragung im konkreten Fall für Sie vorteilhaft ist.

5. Wie wirkt sich die Änderung der Steuerklasse aus?

Ein Wechsel von z. B. Steuerklasse III in Steuerklasse I kann unter Umständen teuer werden, weil ein höherer Steuerabzug erfolgt. Lassen Sie sich aber von dem Argument Ihres Mannes nicht beeindrucken, er stünde jetzt wesentlich schlechter da, und das wirke sich auch nachteilig auf die Höhe Ihres

Unterhaltsanspruches aus. Das ist nur zum Teil richtig. Zum Beispiel durch Eintragung eines Freibetrages – insbesondere wegen seiner Unterhaltsverpflichtungen Ihnen gegenüber – auf der Lohnsteuerkarte Ihres Mannes ermäßigt sich die Lohnsteuer, die der Arbeitgeber von dem Arbeitslohn Ihres Mannes einbehalten muß. Folge davon ist, daß das Nettoeinkommen Ihres Mannes steigt (vgl. auch Punkt 9 dieses Kapitels). Vor allem aber steigt Ihr eigenes Nettoeinkommen erheblich, wenn Sie von der Steuerklasse V in die Steuerklassen I bis IV wechseln oder von Steuerklasse IV in Steuerklasse II. Dadurch benötigen Sie weniger Unterhaltszahlungen.

Über die verschiedenen Möglichkeiten sollten Sie sich bei Ihrer Anwältin informieren.

6. Zusammenveranlagung oder getrennte Veranlagung?

Ehegatten können grundsätzlich zwischen einer *Zusammenveranlagung* und einer *getrennten Veranlagung* wählen.

Soweit *Zusammenveranlagung* gewählt wird, werden Ihre Einkünfte und die Einkünfte Ihres Mannes zusammengerechnet und nach dem Splittingtarif versteuert, d.h. die Steuer wird von der Hälfte des zu versteuernden Einkommens nach der Grundtabelle berechnet und dann verdoppelt. Wegen der Progressionsabmilderung durch den Splittingtarif ist die Zusammenveranlagung für beide Ehegatten meist günstiger als die getrennte Veranlagung. Das muß aber nicht so sein, fragen Sie im Zweifel Ihre Steuerberaterin oder Anwältin.

Wenn Sie allerdings «dauernd getrennt» leben, entfällt die Möglichkeit der Zusammenveranlagung. Sie können die Zusammenveranlagung nur noch für das Jahr wählen, in dem Sie sich «auf Dauer» getrennt haben, selbst wenn die Trennung erst am 20. 12. erfolgt ist. Das Finanzamt nimmt das «dauernde Getrenntleben» an, wenn es von einer neuen Anschrift eines Ehegatten erfährt.

Wenn Sie sich im nächsten Jahr mit Ihrem Ehemann wieder versöhnen, kann nochmals Zusammenveranlagung gewählt werden, auch wenn die Versöhnung kurze Zeit später wieder scheitert.

Ein Ehepartner kann nicht allein entscheiden, ob er getrennt oder zusammen veranlagt wird, denn Nachteile dürfen dem anderen Partner aus dieser Wahl nicht entstehen (vgl. auch Punkt 8 dieses Kapitels).

Bei *getrennter Veranlagung* macht jeder Ehegatte eine eigene Steuererklärung. Der Gesamtbetrag der Einkünfte, das Einkommen und das zu versteuernde Einkommen wird für jeden Ehegatten getrennt ermittelt.

Wegen der Besonderheiten beraten Sie sich am besten mit Ihrer Anwältin oder Steuerberaterin. Die Versteuerung erfolgt nach der Einkommensteuer-Grundtabelle.

7. Wer bekommt die Steuererstattung? Wer muß die Steuernachzahlung aufbringen?

Ein alter Streitpunkt ist die Frage, wie die aufgrund der Zusammenveranlagung zur Einkommensteuer sich ergebende Erstattung oder Nachzahlung zwischen den Eheleuten aufzuteilen ist. Auch die Frage, ob die durch eine Zusammenveranlagung bedingte Steuermehrbelastung zu ersetzen ist, führt meist zu Streit (vgl. hierzu Punkt 8 dieses Kapitels).

Verdient nun Ihr Ehemann und hat er auch allein die Steuern gezahlt, so steht ihm auch die Steuererstattung allein zu. Indirekt bekommen Sie aber doch etwas ab, denn bei der Unterhaltsberechnung ist dieser Geldzufluß im Rahmen der Feststellung des Einkommens Ihres Ehemannes mitzuberücksichtigen.

Wenn Sie beide Einkommen erzielen, steht Ihnen zumindest der Erstattungsbetrag zu, den Sie bekommen hätten, wenn Sie sich getrennt veranlagt hätten.

Es ist zu empfehlen, daß Sie sich über eine Verteilung einigen, bevor Sie die gemeinsame Steuererklärung unterschreiben, und zwar am besten schriftlich. Das erspart Ihnen umständliche Rechnereien und unliebsame Überraschungen. Die Steuererstattung wird vom Finanzamt nämlich automatisch auf das Konto überwiesen, das in der Steuererklärung angegeben ist. Und dort ist meist schon das Konto des Ehemannes eingesetzt, wenn Sie die Steuererklärung zur Unterschrift erhalten. Machen Sie Ihre Unterschrift von der Abänderung dieser Kontobezeichnung abhängig.

Sie können z. B. folgendes Schreiben gemeinsam an das Finanzamt richten:

Traute Stark
Am Burggraben 13
10557 Berlin

Hans Stark
Am Markt 7
20337 Hamburg

An das Finanzamt
20090 Hamburg

Berlin, den …

Betreff: Steuernummer

Wir bitten, eine eventuelle Rückzahlung an Einkommen- und Kirchensteuern für das Jahr 19.. wie folgt zu überweisen:

zu 50 % auf das Konto:	zu 50 % auf das Konto:
Traute Stark	Hans Stark
Konto Nr.	Konto Nr.
bei der xy-Bank	bei der xy-Bank

Außerdem senden Sie bitte jedem von uns ein Exemplar des Steuerbescheides.

Unterschrift	Unterschrift
Traute Stark	Hans Stark

Wenn Sie sich mit Ihrem Ehemann nicht einigen können, schreiben Sie allein an das Finanzamt, daß der gesamte Steuererstattungsbetrag an Sie überwiesen werden soll. Das Finanzamt ist befugt, nach seiner Wahl an den einen oder anderen Ehegatten auszuzahlen, gleich, wem ein Erstattungsanspruch zusteht. Den Steuerausgleich müssen Sie dann intern mit Ihrem Ehemann durchführen. Sie können dabei z. B. so vorgehen, daß Sie intern eine «getrennte» Veranlagung durchführen.

Wenn Sie sich mit Ihrem Mann nicht einig werden, müssen Sie notfalls gerichtliche Hilfe in Anspruch nehmen. Das Familiengericht ist hierfür nicht zuständig. Sie müssen sich an das Amtsgericht wenden, das im Bezirk Ihres Finanzamts liegt.

Kommt es zu einer Steuernachforderung, haften Sie dafür zusammen mit Ihrem Ehemann. Das heißt, wenn Ihr Mann nicht bezahlt, müssen Sie zahlen. Dem gehen Sie am besten aus dem Wege, indem Sie beim Finanzamt beantragen, daß die Steuerschuld zwischen Ihnen und Ihrem Mann so aufgeteilt wird, daß jeder nur für den seinem Einkommen entsprechenden Teil der Steuerschuld aufzukommen hat. Sie könnten folgenden Brief an das Finanzamt schreiben:

Traute Stark
Am Burggraben 13
10557 Berlin

An das
Finanzamt
20099 Hamburg Berlin, den …

Betreff: Steuernummer
Gemeinsamer Einkommensteuer- und Kirchensteuerbescheid Traute und Hans Stark für das Jahr 19..

Hiermit beantrage ich, die Ehefrau, die rückständigen Einkommen- und Kirchensteuern zwischen mir und meinem Ehemann so aufzuteilen, wie es sich bei getrennter Veranlagung ergeben hätte (analog § 270 AO).

Mit freundlichen Grüßen
Traute Stark

8. Kann mein Mann verlangen, daß ich eine gemeinsame Steuererklärung unterschreibe?

Ihr Mann kann von Ihnen – während des Bestehens Ihrer Ehe und im ersten Jahr, in dem Sie «dauernd getrennt» leben – verlangen, daß Sie einer Zusammenveranlagung zur Einkommensteuer zustimmen, wenn sie zur geringsten Steuerbelastung beider Ehegatten insgesamt führt und weder Ihrem Mann noch Ihnen im Vergleich zu einer getrennten Veranlagung steuerliche Nachteile erwachsen. Ihre bzw. die Zustimmung Ihres Ehemannes kann vor Gericht eingeklagt werden.

Haben Sie bzw. Ihr Ehemann die Zustimmung grundlos verweigert, so kann der andere Ehegatte Schadenersatz verlangen.

Aber: Sie müssen nicht vorbehaltlos zustimmen, wenn Ihnen durch eine Zusammenveranlagung steuerliche Nachteile drohen. Sie können Ihre Zustimmung von einer Verpflichtungserklärung Ihres Ehemannes abhängig machen, mit der er sich verpflichtet, Sie so zu stellen wie bei Durchführung getrennter Veranlagung unter Verzicht auf jegliche Aufrechnung und Zurückbehaltungsrechte.

9. Was ist begrenztes Realsplitting?

Wenn Sie dauernd getrennt leben oder geschieden sind und Ihr Mann Ihnen Unterhalt zu zahlen hat, so kann er diese Unterhaltszahlungen bis zum Höchstbetrag von derzeit jährlich DM 27 000,– als Sonderausgaben von seinem zu versteuernden Einkommen abziehen. Voraussetzung hierfür ist u. a., daß Sie zustimmen. Für den Antrag und die Zustimmung gibt es ein Formblatt, die sogenannte Anlage U, die Sie beim Finanzamt erhalten und die von Ihnen und Ihrem Ehemann unterschrieben werden muß. Ihre Zustimmung gilt auf Dauer, bis zu Ihrem Widerruf; ein Widerruf muß vor Beginn des Kalenderjahres, für das er gelten soll, erfolgen.

Wichtige Folge für Sie: Sie müssen die Unterhaltsleistungen versteuern, das heißt, Ihr zu versteuerndes Einkommen erhöht sich um den Betrag, der Ihnen als Unterhalt zugeflossen ist. Ihnen können dadurch höhere Steuerlasten oder andere Nachteile entstehen, z.B. bei Wohngeld, BAföG, Sparprämien. Unter Umständen geht Ihnen die Möglichkeit der beitragsfreien Mitversicherung in der Krankenversicherung (Familienversicherung) verloren. Sie sollten Ihre Zustimmung deshalb davon abhängig machen, daß Ihr Mann sich schriftlich verpflichtet (siehe untenstehenden *Musterbrief*), die bei Ihnen entstehenden Nachteile auszugleichen, einschließlich der Kosten für Ihre Steuerberaterin, wenn Sie deren Rat zur Berechnung der Nachteile einholen mußten.

Ich verpflichte mich, meine Frau von sämtlichen finanziellen Nachteilen «freizuhalten», die ihr durch das Realsplitting entstehen.
Ferner verpflichte ich mich, erforderliche Steuervorauszahlungen auf erstes Anfordern direkt an das Finanzamt zu zahlen. Ich verpflichte mich weiter, einen entsprechenden Freibetrag in Höhe des von mir gezahlten Unterhalts auf meiner Lohnsteuerkarte eintragen zu lassen.
Hans Stark Hamburg, den …

Im Gegenzug sind Sie verpflichtet, die Anlage U zu unterschreiben. Tun Sie das nicht, kann Ihr Ehemann Sie vor Gericht auf Zustimmung verklagen.

Wichtig für Sie ist die Eintragung des gezahlten Unterhalts auf der Lohnsteuerkarte Ihres Mannes (vgl. hierzu Punkt 5 dieses Kapitels). Durch das höhere Nettoeinkommen Ihres Mannes ergibt sich für Sie unter Umständen ein höherer Unterhaltsanspruch. Einen direkten Anspruch auf Beteiligung an der Steuerersparnis Ihres Mannes durch das begrenzte Realsplitting haben Sie derzeit nicht. Deshalb ist der Weg über die Eintragung auf der Lohnsteuerkarte für Sie die effektivste Art, an dem höheren Nettoeinkommen Ihres Mannes teilzuhaben.

Ist Ihr Mann selbständig, muß berücksichtigt werden, daß in der Regel die Einkommensteuererklärung um Jahre später abgegeben wird. Dadurch wird die steuerliche Belastung also erst Jahre später kalkulierbar. Im Prinzip gilt: Steuerliche Belastungen werden zu dem Zeitpunkt beim Einkommen berücksichtigt, zu dem sie anfallen. Wenn also Ihr Mann 1998 für 1996 Steuern nachzahlen muß, kann er diesen Betrag in der Regel bei der Unterhaltsberechnung für das Jahr 1998 von seinem Einkommen 1998 absetzen (vgl. 4. Kapitel, 2. Abschnitt, Seite 94 f.).

6. Kapitel

Ich will mich scheiden lassen

Den Scheidungsantrag können Sie nur mit Hilfe einer Anwältin einreichen. Das Familiengericht, bei dem der Scheidungsantrag zu stellen ist, kann man sich nicht aussuchen. Das Gericht Ihres Wohnortes ist zum Beispiel dann zuständig, wenn Sie mit den minderjährigen Kindern zusammenleben. Rechtsanwältinnen können zur Zeit noch in Scheidungsverfahren nur in den Gerichtsbezirken tätig werden, in denen sie örtlich zugelassen sind.

Ab 1. 1. 2000 kann Ihre Anwältin Sie überall im Scheidungsverfahren vertreten. Bis dahin stimmt sich Ihre Rechtsanwältin mit einer Anwaltskollegin vor Ort ab und berät Sie weiter.

Wie das Scheidungsverfahren abläuft, hängt in erster Linie davon ab, ob Ihr Mann mit einer Scheidung einverstanden ist oder ob er sich dagegen wehrt.

1. Mein Mann ist mit der Scheidung einverstanden

Der Scheidungsantrag kann bei Gericht eingereicht werden, wenn Sie und Ihr Mann schon ein Jahr getrennt gelebt haben und beide geschieden werden wollen. – Getrennt leben kann man übrigens auch innerhalb der Ehewohnung (siehe oben 1. Kapitel, Seite 16f.).

Das Gericht muß zusammen mit der Scheidung über den

Versorgungsausgleich entscheiden. Um den Versorgungsausgleich berechnen zu können, muß das Gericht Auskünfte der Versorgungsträger für beide Ehegatten einholen. Beide Stellungnahmen erhält das Gericht erst nach mehreren Monaten – und auch erst, nachdem beide Ehegatten daran in der jeweils notwendigen Weise mitgewirkt haben. Deshalb kann das Scheidungsverfahren bis zu einem Jahr und sogar länger dauern. Berücksichtigen Sie die Verfahrenslänge bei Ihren Überlegungen.

Spätestens wenn das Scheidungsverfahren so weit vorangekommen ist, daß die Richterin die Scheidung aussprechen kann, sollten keine wichtigen Fragen zwischen Ihnen und Ihrem Ehemann mehr offen sein. Sprechen Sie deshalb mit Ihrem Mann über alle im Zusammenhang mit der Scheidung zu regelnden Punkte:

- die elterliche Sorge für die Kinder;
- das Umgangsrecht mit den Kindern (= Besuchsrecht);
- den Unterhalt für die Kinder;
- den Unterhalt für die Frau / den Mann;
- die Verteilung des Hausrats;
- die Zuteilung der bisherigen Ehewohnung;
- den Zugewinnausgleich;
- die Tilgung vorhandener Schulden;
- die Kosten des Scheidungsverfahrens.

Möglicherweise gibt es über viele Punkte zwischen Ihnen und Ihrem Mann keinen Streit. Um so besser. Vielleicht ist ein Ehepartner schon in eine eigene Wohnung gezogen. Sie haben den Hausrat selbst untereinander verteilt. Sie sind sich darüber einig, bei wem die Kinder bleiben sollen und wann die Kinder den anderen Elternteil besuchen.

Daß die Eheleute die Unterhaltszahlungen auf Dauer selbst miteinander regeln können, ist dagegen eher die Ausnahme.

Hier werden Sie Ihre Rechtsanwältin meist bitten müssen, einen Vorschlag zur Unterhaltsberechnung auszuarbeiten. Wenn Ihr Mann meint, das Einkommen müsse anders verteilt werden, wird er seinerseits einen Rechtsanwalt zu Rate ziehen.

Während das Scheidungsverfahren bei Gericht läuft, ist es zweckmäßig, eine Regelung der Scheidungsfolgen nach und nach zu erarbeiten. Wenn Sie und Ihr Ehemann sich über die zu regelnden Fragen einig geworden sind, können Sie einen Vertrag schließen, die sogenannte *Scheidungsfolgenvereinbarung*.

Nach dem Gesetz (§ 630 Abs. 1 Ziffer 3 der Zivilprozeßordnung, ZPO) muß bei einer einverständlichen Scheidung eine Scheidungsfolgenvereinbarung dem Gericht vorgelegt werden, in der die folgenden Punkte geregelt sind:

- Kindesunterhalt;
- Ehegattenunterhalt;
- Verteilung des Hausrats;
- Zuteilung der Ehewohnung.

Einige Familiengerichte verlangen diese Vereinbarung bereits mit dem Antrag auf Ehescheidung, bei den meisten reicht es, wenn man sie zum Scheidungstermin mitbringt. Bei vielen Familiengerichten wird allerdings die Vorlage einer solchen Scheidungsfolgenvereinbarung nicht verlangt.

Die Scheidungsfolgenvereinbarung kann beim Gericht im Termin zur mündlichen Verhandlung über die Scheidung protokolliert werden. Dabei müssen beide Eheleute anwaltlich vertreten sein. Sie kann aber auch von einer Notarin beurkundet werden und dem Gericht als notarielle Urkunde eingereicht werden. In einigen Städten gibt es die Möglichkeit, die Vereinbarung vor einer öffentlichen Vergleichsstelle beurkunden zu lassen. Dieses Verfahren kann Kosten sparen (siehe dazu unten, 3. Abschnitt besonders Seite 127 f.).

Wenn Sie und Ihr Ehemann sich nach der Trennung und vor Einreichen des Scheidungsantrages über alle Scheidungsfolgen einig geworden sind und Sie diese Vereinbarung in notarieller Form oder vor der öffentlichen Vergleichsstelle geschlossen haben, ist Ihr Scheidungsverfahren einfach. Ihre Rechtsanwältin reicht den Scheidungsantrag beim zuständigen Familiengericht ein und legt die Scheidungsfolgenvereinbarung vor. Ihr Mann stimmt dem Verfahren zu und muß dafür nicht einmal selbst anwaltlich vertreten sein.

2. Mein Mann will nicht geschieden werden

Vorab: Ihr Scheidungswunsch wird sich letztlich durchsetzen, ob Ihr Mann will oder nicht.

Haben Sie ein Jahr getrennt gelebt und dann die Scheidung eingereicht, kommt es nicht darauf an, ob Ihr Mann der Scheidung ausdrücklich zustimmt.

Bei vielen Familiengerichten werden Sie damit rechnen können, daß die Richterin Ihrem Mann Fragen stellt, etwa der folgenden Art:

- Ihre Frau hat sich schon vor einem Jahr von Ihnen getrennt, sind Sie denn überzeugt, daß Ihre Frau die eheliche Lebensgemeinschaft mit Ihnen wieder aufnehmen wird?
- Woher nehmen Sie diese Überzeugung?
- Zu einer Ehe gehören zwei; wollen Sie die Ehe allein weiterführen?

Das gesetzlich vorgeschriebene Trennungsjahr hat seinen guten Sinn, weil Ihr Mann sich in dieser Zeit innerlich nach und nach darauf einstellen konnte, daß die Ehe zu Ende geht. Nach außen möchte Ihr Mann das bisher vielleicht noch nicht wahrhaben. Die Fragen der Richterin werden aller Erfahrung nach schließlich dazu führen, daß Ihr Mann sich in der Scheidungsverhandlung zu der Formulierung durchringt, er wisse, daß er sich gegen Ihren ernsthaften Scheidungswunsch nicht wehren kann. Das wird der Familienrichterin in aller Regel für ihren Scheidungsausspruch genügen. So sind jedenfalls unsere anwaltlichen Beobachtungen in Hamburg und Norddeutschland.

Bei Widerspruch Ihres Mannes kann es sein, daß die Richterin Wert auf eine dreijährige Trennung legt. Allerdings muß Ihr Mann dann in Einzelheiten und überzeugend darlegen, warum er die Ehe noch nicht als zerrüttet ansieht und glaubt, daß Sie zu ihm zurückkommen. Nach drei Jahren Trennungszeit wird die Ehe dann geschieden.

Im Gesetz sind noch ganz außergewöhnliche Umstände erwähnt, in denen keine Scheidung erfolgen soll, obwohl die Ehe schon seit fünf oder mehr Jahren eindeutig gescheitert ist und die Eheleute auch nicht mehr zusammenleben. Das sind aber so krasse und seltene Ausnahmen, daß wir darauf hier nicht eingehen.

Mit dem Einreichen der Scheidung müssen Sie nicht ein Jahr warten, wenn Ihr Mann sich so verhält, daß man es nicht anders nennen kann als eine *unzumutbare Härte*.

Solche Gründe können sein:

- Ihr Mann bringt seine Freundin mit in die Ehewohnung.
- Sie werden von Ihrem Mann geschlagen, bedroht oder sehr heftig beschimpft.
- Ihr Mann läßt Sie und die Kinder unter seinem Alkoholismus leiden und unternimmt nichts dagegen (bzw. unter seiner Tabletten- oder Drogenabhängigkeit, seiner Spielsucht).
- Ihr Mann macht heimlich große Schulden.
- Ihr Mann ist vermögend, löst aber plötzlich seine Konten auf und schafft sein Vermögen beiseite.

Wenn er dieses Verhalten abstreitet, müssen Sie Ihre Vorwürfe beweisen können.

Auch bei der streitigen Scheidung muß das Gericht den Versorgungsausgleich vornehmen.

Die anderen Scheidungsfolgen regelt das Gericht nur, wenn entsprechende Anträge gestellt werden. Wenn Sie Unterhalt für sich (siehe 7. Kapitel, Seite 138 ff.) und die Kinder (siehe 3. Kapitel, Seite 64 ff.) beanspruchen, wenn Sie die Wohnung übernehmen möchten (siehe 2. Kapitel, Seite 38 ff.), wenn Sie Ihre Hausratsgegenstände haben wollen (siehe 8. Kapitel, Seite 154 ff.) oder wenn es häufig Streit über das Umgangsrecht (siehe 3. Kapitel, Seite 58 ff.) gibt, bitten Sie Ihre Rechtsanwältin, die entsprechenden Anträge für Sie zu stellen.

Im Gesetz ist ausdrücklich bestimmt, daß die Familienrichterin die Scheidung nur aussprechen soll, wenn gleichzeitig alle beim Gericht laufenden Verfahren über Scheidungsfolgen geregelt werden. Der gesetzestechnische Ausdruck dafür ist «Scheidung im Verbund». Die Entscheidung im Verbund ist gewöhnlich in Ihrem Interesse, auch aus Kostengründen. Versuchen Ihres Ehemannes, den Verbund auflösen zu lassen und den Scheidungsausspruch vorzuziehen, sollten Sie widersprechen.

3. Welche Kosten entstehen bei Trennung und Scheidung?

Wir raten Ihnen, daß Sie sich bereits anwaltlich beraten lassen, bevor Sie Ihre Trennungsabsicht in die Tat umsetzen. Wir geben ein Beispiel dafür: Wollen Sie wieder berufstätig werden und haben Sie auch Aussicht auf eine Anstellung, so kann es in Unterhaltsfragen günstiger sein, wenn Sie Ihre Arbeit vor der Trennung aufnehmen.

Beratungskosten und Kosten für weitere anwaltliche Tätigkeiten

Die Kosten für *das erste Beratungsgespräch* mit Ihrer Anwältin belaufen sich auf höchstens DM 350,– plus Mehrwertsteuer. Dies ist der im Gesetz geregelte Höchstbetrag. Allerdings kommt dieser Betrag meistens zustande, denn bei einer umfassenden Beratung über Scheidung, Kindesunterhalt und weitere Scheidungsfolgen würde nach der Gebührenordnung meistens ein höherer Betrag entstehen.

Es kann auch erforderlich sein, daß dem Ehemann in einem Anwaltsbrief mitgeteilt wird, Sie hätten sich jetzt innerhalb der Wohnung von ihm getrennt und die Trennung habe er zu respektieren. Solche Anwaltstätigkeiten haben mit dem Scheidungsverfahren bei Gericht nichts zu tun und sind gesondert von Ihnen zu bezahlen. Dies gilt auch in anderen Fragen, in denen Sie anwaltliche Hilfe suchen, z. B. beim Steuerausgleich oder bei Mietproblemen.

Die Kosten der Scheidung

Die Kosten einer Scheidung setzen sich aus Gerichtskosten und Anwaltsgebühren zusammen. Beide sind in Gebührenordnungen festgelegt. Die Höhe richtet sich nach sogenannten Streitwerten. *Streitwert* und *Gebühren* sind nicht dasselbe. Streitwert des Scheidungsverfahrens ist das dreifache gemeinsame monatliche Nettoeinkommen der Eheleute, mindestens jedoch DM 4000,–. Alle Scheidungsfolgesachen, über die das Gericht entscheiden muß, haben zusätzlich einen eigenen Streitwert. Der Streitwert für eine Unterhaltsregelung ist z. B. der Jahresunterhaltsbetrag. Muß das Gericht über die Ehewohnung entscheiden, so ist der Streitwert eine Jahreskaltmiete.

Alle Streitwerte setzt die Richterin erst fest, nachdem sie das Scheidungsurteil gesprochen hat. Deshalb wird Ihre Rechtsanwältin Ihnen auch zu Beginn nicht genau sagen können, was Ihre Scheidung kostet. Denn z. B. weiß man am Anfang nicht, welche streitigen Anträge an das Gericht notwendig werden.

Bei der Kostenberechnung werden die Streitwerte der Scheidung und der Scheidungsfolgesachen zusammengerechnet. Es gilt also die Regel: Je mehr Folgesachen vom Gericht zu entscheiden sind, desto höher ist der Gesamtstreitwert und desto höher sind auch die anfallenden Kosten. Regelmäßig werden die Gesamtkosten des Scheidungsverfahrens zwischen den Eheleuten aufgeteilt. Jeder trägt die Gerichtskosten zur Hälfte und die Kosten seiner Anwältin ganz.

Eheleute, die von ihrem Einkommen her Prozeßkostenhilfe nicht in Anspruch nehmen können, müssen für das Scheidungsverfahren mit Kosten von mindestens DM 2500,– für jede beauftragte Rechtsanwältin rechnen. Die Gerichtskosten sind deutlich geringer.

Die billigste Scheidung

Wenn sich Frau und Mann über die Scheidung und sämtliche Scheidungsfolgen einig sind, besteht die Möglichkeit, daß beispielsweise nur die Frau eine Rechtsanwältin mit der Einreichung des Scheidungsantrags beauftragt. Der Mann braucht in diesem Fall keine anwaltliche Vertretung. Es sollte jedoch ein Vergleich über die Scheidungsfolgen abgeschlossen worden sein, der *vollstreckbar* ist. Die Juristen nennen dies einen Titel.

Eine solche *Scheidungsfolgenvereinbarung* kann auf dreierlei Weise abgeschlossen werden:

- Vergleich vor einer öffentlichen Vergleichsstelle;

- Vergleich vor der Notarin;
- Vergleich im Verfahren über Prozeßkostenhilfe, falls die Familienrichterin diese Form mitmacht.

Im Rahmen eines Prozeßkostenhilfeprüfungsverfahrens kann das Gericht auf Antrag eine mündliche Gerichtsverhandlung anberaumen. In dieser Verhandlung können die Eheleute den Vergleich, den sie über die Scheidungsfolgen schließen wollen, protokollieren lassen; dabei braucht, wie gesagt, nur ein Ehegatte anwaltlich vertreten zu sein.

Bei allen drei Formen des Scheidungsfolgenvergleichs ist es wichtig zu vereinbaren, daß die Eheleute sich die Kosten des Scheidungsverfahrens, einschließlich der durch die Beauftragung einer Rechtsanwältin entstandenen Kosten, teilen. Enthält der Scheidungsfolgenvergleich keine Regelung über die Kosten des Scheidungsverfahrens, so muß der Ehepartner die Rechtsanwältin bezahlen, der sie beauftragt hat.

Die hier aufgezeigte Möglichkeit, ein Scheidungsverfahren mit einseitig anwaltlicher Vertretung durchzuführen, mag aus Kostengründen verlockend sein. Sie birgt jedoch auch große Gefahren, wenn der Ehemann von einer Rechtsanwältin oder einem Rechtsanwalt formal vertreten wird. Aus Unwissenheit und Angst läßt sich manche Frau auf einen Vergleich ein, der sie stark benachteiligt und vor dem sie durch eine eigene Anwältin bewahrt worden wäre. Abgesichert sind Sie nur, wenn Sie selbst eine Anwältin Ihres Vertrauens aufsuchen und beauftragen.

4. Prozeßkostenhilfe und Beratungshilfe

Prozeßkostenhilfe

Viele können die hohen Kosten einer Scheidung nicht aufbringen. Deshalb gibt es Prozeßkostenhilfe (früher Armenrecht). Prozeßkostenhilfe bedeutet, daß die Staatskasse die Kosten des Scheidungsverfahrens ganz oder zum Teil übernimmt oder jedenfalls vorstreckt. Wenn Sie kein oder nur ein geringes Einkommen haben, brauchen Sie keine Kosten zu zahlen. Ansonsten müssen Sie an die Staatskasse Raten zahlen. Dies gilt nur für das gerichtliche Verfahren. Die außergerichtliche Beratung ist gesondert geregelt.

Der Antrag auf Prozeßkostenhilfe wird von Ihrer Anwältin zusammen mit dem Scheidungsantrag beim Familiengericht eingereicht. Sie müssen ein Formular ausfüllen und darin Ihre monatlichen Einkünfte und Ihr Vermögen angeben. Wichtig ist dabei, auch die monatlichen Belastungen aufzuführen – wie z. B. Fahrtkosten zur Arbeit, Gewerkschaftsbeitrag, Schuldentilgung, Versicherungsprämien, Kindergartenbeiträge, Ihre Kaltmiete oder Unterhaltsleisungen – und die entsprechenden Belege beizufügen.

Wenn Sie mehr als DM 4000,– Vermögen haben, müssen Sie die Prozeßkosten ganz oder zum Teil selbst tragen. Wenn sich Ihre Einkommensverhältnisse verschlechtern, können Sie nachträglich Herabsetzung oder Aufhebung der Ratenzahlung beantragen. Fallen bei Ihnen jedoch später Belastungen weg oder erhöht sich Ihr Einkommen, so kann das Gericht innerhalb von vier Jahren nach Abschluß des Prozesses nachträglich Raten festsetzen oder die festgesetzten Raten erhöhen.

Verdient Ihr Mann gut und haben Sie selbst keine oder nur geringe Einkünfte, so muß Ihr Mann Ihnen einen Prozeßkostenvorschuß zahlen. Sie erhalten dann keine Prozeßkostenhilfe.

Ob Sie Raten zahlen müssen, entscheidet das Gericht nach Ihren persönlichen und wirtschaftlichen Verhältnissen.

Dabei werden von Ihrem Einkommen Steuern und Pflichtsozialversicherungsbeiträge, private Versicherungen und berufsbedingte Aufwendungen abgesetzt, danach bestimmte Bruchteile der aktuellen Sozialhilfesätze für die Ehepartner und sonstige Unterhaltsberechtigte als fiktive Aufwendungen abgerechnet und schließlich Miete und Heizkosten, zum Teil auch Kreditraten etc., abgezogen. Entsprechend dem Resteinkommen (*sog. Einzusetzendes Einkommen*) werden dann nach unten abgedruckter Tabelle keine oder Raten in bestimmter Höhe vom Gericht festgesetzt. Dabei sind höchstens 48 Monatsraten aufzubringen, egal wie hoch die Kosten insgesamt sind.

Einzusetzendes Einkommen (Deutsche Mark)		eine Monatsrate von (Deutsche Mark)
bis	30	0
	100	30
	200	60
	300	90
	400	120
	500	150
	600	190
	700	230
	800	270
	900	310
	1000	350
	1100	400
	1200	450
	1300	500
	1400	550
	1500	600
über	1500	600 zuzüglich des 1500 übersteigenden Teils des einzusetzenden Einkommens

Beratungshilfe

Prozeßkostenhilfe erhalten Sie nur, wenn ein gerichtliches Verfahren eingeleitet wird. Wollen Sie sich vorher von einer Anwältin beraten lassen, so müssen Sie ein Honorar bezahlen (siehe dazu Seite 126). Haben Sie geringes Einkommen, so können Sie Beratungshilfe in Anspruch nehmen. Sie erhalten auf Antrag ein entsprechendes Zeugnis des Amtsgerichts, aus dem hervorgeht, daß Sie nicht in der Lage sind, die Anwaltskosten selbst zu zahlen, einen sogenannten Berechtigungsschein. Auch wenn Ihnen die Beratungshilfe aus der Staatskasse bewilligt worden ist, ist das Gespräch für Sie bei der Anwältin nicht völlig kostenlos. Einen Eigenanteil von DM 20,– müssen Sie leisten.

In den Städten, in denen es öffentliche Beratungsstellen gibt (z. B. Hamburg und Bremen), können Sie für eine anwaltliche Beratung keine Beratungshilfe beantragen. Zuständig für die Rechtsberatung in Hamburg sind die öffentlichen Rechtsauskunfts- und Vergleichsstellen, in Bremen die Arbeiterkammer, auch hier müssen Sie einen geringen Selbstkostenanteil tragen.

5. Wie bereite ich die Scheidung vor?

Ein Scheidungsverfahren kann sehr belastend sein. Wenn Sie Hilfe benötigen, können Sie sich an Frauenberatungsgruppen wenden. Dort werden möglicherweise auch Erfahrungen über die Praxis der Familiengerichte vermittelt. Außerdem können Sie dort erfahren, welche Anwältinnen sich in Ihrem Bezirk besonders für Frauen eingesetzt haben.

Für das Beratungsgespräch bei Ihrer Anwältin können folgende Unterlagen wichtig sein: die Heiratsurkunde, Verdienstbescheinigungen von Ihnen und Ihrem Mann, Mietvertrag für die Wohnung, eine Aufstellung über Ihre monatlichen Belastungen wie z. B. Strom, Heizung, Versicherungen, Fahrgeld und Darlehen, auch Belastungen, die ein gemeinsames Haus betreffen, Rentenunterlagen, Sozialversicherungshefte oder Versicherungskarten, Policen von Lebensversicherungen.

Ratsam ist es, sich selbst auch eine Zusammenstellung der Schulden (z. B. Bankkredite) und des Vermögens (z. B. Sparbriefe und Wertpapiere) zu machen und die dafür wichtigen Unterlagen zu fotokopieren.

Sie müssen auch wissen, wieviel Ihr Mann verdient, wenn Sie einen Unterhaltsanspruch durchsetzen wollen. Außerdem benötigt Ihre Anwältin diese Angaben, um zu prüfen, ob Sie von Ihrem Mann einen Prozeßkostenvorschuß verlangen können. Ehemänner weigern sich aber häufig für längere Zeit mitzuteilen, welche Einkünfte sie haben. Fotokopieren Sie daher seine Einkommensbescheinigungen der letzten Monate.

6. Was kann das Gericht vorläufig regeln, wenn ich mich mit meinem Mann nicht einigen kann?

Während der Trennungszeit und auch während des Scheidungsverfahrens gibt es zwischen den Eheleuten manchmal Streit über wichtige Fragen, die eine dringende Regelung erfordern. Das Gericht kann über folgende Streitpunkte eine schnelle vorläufige Entscheidung treffen:

- die Übertragung des Sorgerechts auf einen Elternteil;
- das Umgangsrecht des Elternteils, bei dem die Kinder nicht leben;
- die Herausgabe des Kindes an den Elternteil, der das Sorgerecht hat;

- Unterhalt für Kinder;
- Benutzung der Ehewohnung und des Hausrats;
- Herausgabe bestimmter Sachen, die das Kind oder ein Ehegatte dringend zum persönlichen Gebrauch benötigt;
- Belästigungsverbot;
- Prozeßkostenvorschuß, den Ihnen Ihr Mann für das Scheidungsverfahren leisten muß, wenn er finanziell deutlich besser dasteht als Sie.

Solche vorläufigen Regelungen heißen einstweilige Anordnungen oder einstweilige Verfügungen. Die Anträge dazu können Sie auch selbst stellen. Bei der Geschäftsstelle des zuständigen Amtsgerichts erfahren Sie, welches Gericht für den Antrag zuständig ist. Die Gerichte sind verpflichtet, Ihnen Auskunft zu geben, Ihren Antrag aufzunehmen und Ihnen bei der Abfassung des Antrages zu helfen. Natürlich können Sie aber auch für dieses Verfahren Prozeßkostenhilfe und die Beiordnung einer Anwältin beantragen (siehe Abschnitt 4 dieses Kapitels).

Gibt es Auseinandersetzungen zwischen Ihnen und Ihrem Mann, wo die Kinder bleiben und wie die elterliche Sorge geregelt werden soll, so kommt eine einstweilige Sorgerechtsregelung in Betracht. Hier empfiehlt es sich, daß Sie gleich eine Rechtsanwältin einschalten, denn die vorläufig getroffene Sorgerechtsregelung wird bei der Scheidung häufig nicht mehr geändert.

Besteht die Gefahr, daß Ihr Mann die Kinder entführt, gehen Sie sofort zum nächsten Familiengericht. Beantragen Sie eine vorläufige Sorgerechtsregelung, mindestens aber eine Aufenthaltsbestimmungsregelung, und bleiben Sie so lange beim Familiengericht sitzen, bis Sie die Entscheidung in Händen haben. Ist Ihr Mann Ausländer und befürchten Sie, daß er die Kinder ins Ausland entführt, so können Sie bei Gericht auch beantragen, die Grenzbehörden anzuweisen, Ihrem Mann die Ausreise mit den Kindern zu verweigern.

Für eine vorläufige Regelung Ihrer Unterhaltsansprüche genügt es, den Verdienst Ihres Mannes ungefähr anzugeben.

7. Ehen mit Auslandsberührung

Wenn Sie mit einem Ausländer verheiratet sind, können Sie sich in Deutschland scheiden lassen. Auch wenn Sie selbst und/oder Ihr Mann nicht die deutsche Staatsangehörigkeit haben, aber hier leben, sind deutsche Gerichte für die Scheidung zuständig.

Haben Sie beide dieselbe ausländische Staatsangehörigkeit und wohnen in Deutschland, können Sie im Zweifel wählen, ob Sie eine Scheidung hier oder im Heimatland einreichen.

In allen großen Städten gibt es Beratungsstellen für Frauen, die mit Ausländern verheiratet sind, und für ausländische Frauen.

Darüber hinaus erteilt das Bundesverwaltungsamt, Informationsstelle für Auslandstätige und Auswanderer, Barbarastr. 1, 50764 Köln, (Tel.: 0221/7582823) nähere Auskünfte über fast alle ausländischen Scheidungsrechte. Der Verband Interessengemeinschaft der mit Ausländern verheirateten Frauen, IAF, Kasselerstr. 1a, 60486 Frankfurt/M. (Tel.: 069/7075087) hilft insbesondere deutschen Frauen, die mit Ausländern verheiratet sind.

Der internationale Sozialdienst, Am Stockborn 5–7, 60439 Frankfurt/M. (Tel.: 069/95807-02) berät und hilft, wenn anläßlich der Scheidung Schwierigkeiten mit Kindern, die evtl. im Ausland leben, entstehen. Für Scheidungsverfahren mit Auslandsberührung gelten einige rechtliche Besonderheiten, die wir kurz skizzieren wollen.

Wenn Sie und Ihr Mann verschiedene Staatsangehörigkeiten haben

Sind Sie z. B. Deutsche und Ihr Mann ist Türke, oder Sie sind Italienerin und Ihr Mann ist Spanier, leben Sie aber mit Ihrem Mann in Deutschland, gilt deutsches Recht, unabhängig davon, welche Staatsangehörigkeit Sie haben.

Lebt einer von Ihnen nicht in Deutschland, kommt es darauf an, wo Ihr letzter gemeinsamer Aufenthalt war. War dies in einem anderen Land und lebt einer von Ihnen noch dort, gilt das dortige Recht. Das bedeutet z. B., daß die deutsche Frau, die mit ihrem türkischen Mann zuletzt in der Türkei gelebt hat und jetzt in Deutschland wohnt, nach türkischem Recht geschieden wird, wenn ihr Mann noch in der Türkei lebt. Die Iranerin, die mit ihrem deutschen Mann zuletzt in Jordanien gelebt hat, wird nach jordanischem Recht geschieden, wenn ihr Mann in Jordanien geblieben und sie nach Deutschland gegangen ist.

Haben Sie die deutsche Staatsangehörigkeit, können Sie die Scheidung in Deutschland einreichen. Nur muß das deutsche Gericht das ausländische Recht anwenden.

Wenn Sie beide die gleiche Staatsangehörigkeit haben

Sind Sie beide Ausländer mit der gleichen ausländischen Staatsangehörigkeit, gilt für die Scheidung Ihr Heimatrecht. Sind Sie z. B. Türken, dann gilt türkisches Recht, auch wenn Sie beide hier leben oder Ihr Mann im Ausland lebt.

Die ausländischen Rechte haben viele Besonderheiten. So gibt es z. B. in Italien ein Trennungsverfahren als Voraussetzung für eine Scheidung, andere Länder kennen noch das sog. Schuldprinzip. Manchmal braucht man einen Schuldausspruch im Scheidungsverfahren als Voraussetzung für einen

Unterhaltsanspruch. Oft sind Fristen vorgeschrieben, innerhalb derer ein Unterhaltsanspruch geltend gemacht werden muß. Lassen Sie sich deshalb über Ihr Heimatrecht beraten.

Die Scheidungsfolgen im ausländischen Recht

Die Scheidungsfolgen, z. B. Unterhalt, Zugewinnausgleich, Versorgungsausgleich, richten sich nach dem Recht, nach dem Sie geschieden sind. Im Zweifel hat die Frau nach ausländischem Recht weniger Unterhaltsansprüche als nach deutschem Recht.

Für den Versorgungsausgleich ist folgendes zu beachten: Bei Eheleuten mit gleicher ausländischer Staatsangehörigkeit (beide sind Türken) und bei Eheleuten mit verschiedener ausländischer Staatsangehörigkeit (Italienerin und Spanier) ist für die Durchführung des Versorgungsausgleichs ein besonderer Antrag bei Gericht erforderlich. Diesen sollten Sie immer stellen, wenn Ihr Mann in Deutschland sozialversicherungspflichtig gearbeitet und während der Ehe mehr verdient hat als Sie.

Die Entscheidung über das *Sorgerecht* für Kinder, die in Deutschland leben, richtet sich nach deutschem Recht. Einige Länder haben allerdings miteinander spezielle Verträge – so z. B. Deutschland und Iran. Wenn Sie beide die iranische Staatsangehörigkeit haben und Ihre Kinder hier leben, gilt aufgrund dieses Abkommens iranisches Recht für die Sorgerechtsentscheidung.

Haben Ihre Kinder eine ausländische Staatsangehörigkeit und leben sie schon längere Zeit im Ausland, entscheidet das deutsche Gericht mit der Scheidung nicht über das Sorgerecht, sondern überläßt dies dem Land, in dem die Kinder leben.

Der *Unterhalt* der Kinder, die hier leben, richtet sich immer nach deutschem Recht. Ebenso gilt für Ihren eigenen Unterhaltsanspruch bis zur Scheidung deutsches Recht, wenn Sie in Deutschland leben. Anders kann es für den Unterhaltsanspruch nach der Scheidung sein: Hier gilt das Recht, das für die Scheidung gilt. Die türkische Frau, die mit einem Türken verheiratet ist, hat also bis zur Scheidung einen Unterhaltsanspruch nach deutschem, nach der Scheidung einen Unterhaltsanspruch nach türkischem Recht.

Eines sollten Sie noch beachten: Wenn Ihr Mann im Ausland lebt und Sie sich hier scheiden lassen wollen, ist dies sehr kompliziert, weil der Scheidungsantrag auf diplomatischem Weg zugestellt werden muß. Dies dauert außerordentlich lange. Es entstehen auch hohe Kosten, z. B. für Übersetzungen. Um dies zu vermeiden, ist es sinnvoll, wenn sich Ihr Mann in Deutschland ebenfalls eine Anwältin nimmt oder eine Person in Deutschland bevollmächtigt, die Gerichtspost für ihn in Empfang zu nehmen.

Es ist ratsam, in diesen Fällen schon bei der Trennung anwaltliche Hilfe in Anspruch zu nehmen und evtl. Scheidungsfolgenverträge zu schließen.

7. Kapitel

Wovon lebe ich nach der Scheidung?

Grundsätzlich müssen Mann und Frau nach der Scheidung für ihren Lebensunterhalt selbst sorgen. Jede Ehe bringt aber auch Verpflichtungen mit sich, die während der Trennungszeit und nach der Scheidung weiter fortbestehen. Wer nach dem Scheitern einer Ehe gar nicht oder nur unzureichend für sich sorgen kann, kann deshalb von dem anderen Unterhalt verlangen, soweit dieser zur Zahlung in der Lage ist.

Wir raten Ihnen, sich so früh wie möglich, am besten noch vor der Trennung, um eine Erwerbstätigkeit zu bemühen. Dadurch verbessern Sie Ihre beruflichen Chancen und Ihre finanzielle Lage, auch im Hinblick auf einen späteren Unterhaltsanspruch (siehe 4. Kapitel, Abschnitt 1, besonders Seite 88). Außerdem kann es gerade in der schwierigen Zeit der Neuorientierung eine Hilfe sein, bei der außerhäuslichen Arbeit Bestätigung, Anregungen und neue menschliche Kontakte zu gewinnen.

Es wird Ihnen nicht immer gelingen, sofort einen Arbeitsplatz zu finden. Auf dem heutigen Arbeitsmarkt ist es gerade für Frauen schwer, beruflich Fuß zu fassen. Der Wiedereinstieg wird immer schwieriger, je länger Sie aussetzen und je älter Sie sind.

Wenn Sie keine kleinen Kinder betreuen müssen und nicht zu alt oder zu krank zum Arbeiten sind, sollten Sie sich bemühen, eine Erwerbstätigkeit aufzunehmen. Finden Sie aber wegen der schwierigen Situation auf dem Arbeitsmarkt keine Stelle und müssen Sie darum Ihren geschiedenen Mann auf Unterhalt in Anspruch nehmen, sind Sie dafür beweispflichtig, daß Ihre Arbeitssuche nicht an Ihnen gescheitert ist.

Sie müssen nachweisen, daß Sie neben der Meldung beim Arbeitsamt auch viele eigene Anstrengungen unternommen haben, um Arbeit zu finden. Solche Nachweise sind:

- Ihre Bewerbungsschreiben,
- Ablehnungen, die Sie bekommen haben,
- Notizen über Ihre telefonischen Bewerbungen,
- eigene Zeitungsanzeigen.

Heben Sie diese Belege gut auf. Es wird von Ihnen erwartet, daß Sie sich ununterbrochen bewerben. Gelingt Ihnen der Nachweis nicht, so müssen Sie damit rechnen, daß Sie so behandelt werden, als erzielten Sie Arbeitseinkommen.

Da die ehelichen Lebensverhältnisse eine wesentliche Rolle spielen, brauchen Sie zunächst nur eine Arbeit aufzunehmen, die Ihrem Alter, Ihrer Ausbildung, Ihrer Berufserfahrung und Ihrer sozialen Stellung entspricht. Finden Sie trotz intensiver Suche längere Zeit keine Stellung in Ihrem erlernten Beruf, wird man Ihnen zumuten, sich umschulen zu lassen oder eine Tätigkeit aufzunehmen, die Ihrer Ausbildung nicht entspricht.

Wenn Sie keinen Beruf erlernt, aber während der Ehe öfter Aushilfsarbeiten verrichtet haben, wird die Aufnahme einer ungelernten Tätigkeit von Ihnen erwartet.

Keine Anstrengungen in bezug auf einen Arbeitsplatz müssen Sie unternehmen, wenn Sie durch Krankheit arbeitsunfähig sind. Dies sollten Sie sich sobald wie möglich ärztlich bescheinigen lassen, damit Sie später Beweise haben.

1. Wann muß der Mann Unterhalt zahlen?

Unterhalt wegen Kindesbetreuung

Wenn Sie minderjährige Kinder betreuen, haben Sie in aller Regel einen Anspruch auf Ehegattenunterhalt. Die im folgenden genannten Altersgrenzen sind in den einzelnen Gerichtsbezirken unterschiedlich. Lassen Sie sich darüber von Ihrer Anwältin beraten. Grundsätzlich gilt folgendes:

Ist Ihr Kind noch nicht 8 Jahre alt, wird von Ihnen *keine Berufstätigkeit* verlangt, weil der Schulunterricht noch sehr unregelmäßig ist.

Ist Ihr Kind 8 bis 15 Jahre alt, so wird erwartet, daß Sie eine *Teilzeitarbeit* aufnehmen. Bei zwei schulpflichtigen Kindern fordern die Gerichte von der Mutter meistens erst eine Teilzeitarbeit, wenn das jüngste Kind 11 bis 12 Jahre alt geworden ist. Bei drei oder mehr schulpflichtigen Kindern entscheiden neben der Betreuungsbedürftigkeit des jüngsten Kindes auch die finanziellen Verhältnisse, ob eine Teilzeitarbeit zumutbar ist. So wird es Ihnen eher zuzumuten sein, Teilzeit zu arbeiten, wenn Ihr Mann nur wenig verdient und ihm die Finanzierung von zwei getrennten Haushalten nicht möglich ist. Es muß aber gewährleistet sein, daß die Kinder während Ihrer Arbeit beaufsichtigt sind.

Ist das jüngste Kind 15 bis 16 Jahre alt, so wird verlangt, daß Sie sich um die Aufnahme einer Vollzeittätigkeit bemühen.

Bei Problemkindern gelten diese Altersgrenzen nicht verbindlich. Besonderheiten sind stets zu berücksichtigen. Wenn Sie ganz für Ihre Kinder da sein müssen (z. B. haben sich Störungen bei den Kindern eingestellt, weil Sie durch Ihre Doppelaufgabe überlastet sind), kann es angebracht sein, daß Sie Ihre Teilzeitarbeit aufgeben. Dann muß Ihr Mann wieder vollen Unterhalt zahlen.

Für die Zeit bis zur Scheidung ist es gleichgültig, ob die Kinder von Ihrem Ehemann abstammen oder nicht. Etwas anderes gilt, wenn Sie während der Trennungszeit ein neues Kind von einem anderen Mann bekommen: Dann kommt es darauf an, ob Sie nur wegen dieses kleinen Kindes nicht arbeiten können oder ob Ihnen auch wegen Ihrer anderen Kinder eine Erwerbstätigkeit nicht zugemutet werden kann. Müßten Sie ohne das Baby eigentlich arbeiten, so vermindert sich Ihr Unterhaltsanspruch um diesen möglichen Verdienst.

Können Sie auch wegen der anderen Kinder keine Erwerbstätigkeit aufnehmen, müssen Ihr Ehemann und der nichteheliche Vater unter Umständen beide Unterhalt für Sie zahlen.

Sind Sie wegen der Betreuung Ihrer Kinder nicht verpflichtet, überhaupt erwerbstätig zu sein, und arbeiten Sie dennoch, weil Ihr Mann Ihnen nicht den vollen Unterhalt zahlen kann, kann Ihr eigenes Einkommen nicht oder nicht in voller Höhe bei der Berechnung Ihres Unterhaltsanspruchs berücksichtigt werden.

Unterhalt wegen Ausbildung

Haben Sie im Hinblick auf die Ehe in Ihrem beruflichen Fortkommen Nachteile auf sich genommen, so können Sie nach der Trennung oder Scheidung zum Ausgleich dafür Unterhalt für die Zeit einer Ausbildung, Fortbildung oder Umschulung beanspruchen.

Wenn Sie wegen der Ehe eine Schul- oder Berufsausbildung unterbrochen oder gar nicht erst angefangen haben, können Sie diese nachholen. Ihr Mann muß Ihnen während der Ausbildungszeit die Kosten für den Lebensunterhalt und für die Ausbildung zur Verfügung stellen. Wenn Sie allerdings Leistungen vom Arbeitsamt oder BaföG erhalten, muß Ihr Mann nicht oder entsprechend weniger zahlen.

Bei Ihrer Berufswahl muß die Aussicht bestehen, daß Sie die Ausbildung erfolgreich abschließen und mit Ihrem neuen Beruf Ihren Lebensunterhalt verdienen können.

Wenn Sie in Ihrer Hausfrauenzeit den beruflichen Anschluß verloren haben, können Sie sich fortbilden oder umschulen lassen. Auch in dieser Zeit muß Ihr Mann für Ihren Unterhalt aufkommen.

Haben Sie keinen Beruf und vor oder während der Ehe eine ungelernte Tätigkeit ausgeübt, z. B. um Anschaffungen oder Urlaubsreisen zu finanzieren, können Sie unter Umständen einen Beruf erlernen. Voraussetzung ist aber auch hier, daß eine Ausbildung zu einem früheren Zeitpunkt wegen der Ehe unterblieben ist.

Lassen Sie sich wegen der verschiedenen Aus- und Weiterbildungsmöglichkeiten bzw. Umschulung beim Arbeitsamt beraten. Informieren Sie sich dort auch über die staatlichen Förderungen. Beginnen Sie mit der Ausbildung so bald wie möglich und warten Sie nicht, bis die Scheidung ausgesprochen ist. Allerdings sind angemessene Warte- und Überlegungszeiten berechtigt.

Aufstockungsunterhalt

Wenn Sie arbeiten, Ihr Verdienst aber trotz aller Bemühungen nicht ausreicht, Ihren vollen Unterhaltsbedarf zu decken, muß Ihr besser verdienender Mann Ihnen die Differenz ausgleichen. Dabei ist es gleichgültig, ob Sie teilzeitbeschäftigt sind oder eine schlechter bezahlte Arbeit haben als Ihr Mann.

Die Höhe des Aufstockungsunterhalts richtet sich danach, ob Sie bei der Trennung schon gearbeitet haben oder erst später. Die Gerichte wenden im ersten Fall die Differenzmethode an und im zweiten die Anrechnungsmethode (siehe 4. Kapitel, Abschnitt 1, Seite 88 ff.).

Ihr Anspruch auf Aufstockungsunterhalt entfällt, wenn Ihr Verdienst steigt und Sie Ihren Unterhaltsbedarf selbst decken können. Verlieren Sie Ihre Arbeit wieder, muß Ihr Mann unter Umständen den vollen Unterhalt zahlen.

Unterhalt wegen Arbeitslosigkeit

Wenn Sie zwar arbeitsfähig sind, aber während der Trennungszeit oder nach der Scheidung keine geeignete Erwerbstätigkeit gefunden haben, können Sie von Ihrem Mann Unterhalt verlangen.

Sie müssen aber nachweisen, insbesondere in einem späteren Unterhaltsprozeß, daß Sie neben der Meldung beim Arbeitsamt auch viele eigene Anstrengungen unternommen haben, um Arbeit zu finden (siehe Seite 139).

Unterhalt aufgrund des Alters

Wenn Sie das 65. Lebensjahr vollendet haben, müssen Sie keine Berufstätigkeit mehr aufnehmen. Erfahrungsgemäß ist für Frauen ab 55 Jahre der Arbeitsmarkt für einen beruflichen Wiedereinstieg verschlossen.

Auch wenn von diesem Alter an im Regelfall eine Chance für eine Erwerbstätigkeit nicht mehr besteht, weil die Frau nie berufstätig war oder sie ihre Berufstätigkeit lange unterbrochen hat, verlangen Gerichte häufig, daß auch in diesem Alter genauso wie bei Frauen, die immer berufstätig waren, die Arbeitssuche nachgewiesen wird. Die Aufnahme einer Erwerbstätigkeit wird nicht erwartet, wenn der allgemeine Arbeitsmarkt, die örtlichen Stellenangebote und die persönliche Belastbarkeit eine Arbeitsaufnahme unzumutbar machen.

Wir halten die Tendenz der Gerichte, einer Frau, die 30 Jahre oder mehr verheiratet und nicht berufstätig war, eine Erwerbstätigkeit im Alter von 53 oder gar 60 zuzumuten, für nicht akzeptabel. Sie führt dazu, daß Frauen, die in Übereinstimmung mit ihrem Ehemann während der Ehe nicht erwerbstätig waren, nach einer Trennung, die meist nicht von ihnen ausging, das Risiko der gegenwärtigen Arbeitsmarktlage zu tragen haben. Bekanntermaßen stellen Firmen in diesem Alter insbesondere Frauen nicht mehr ein. Sprechen Sie deshalb mit Ihrer Anwältin, welche Schritte Sie ergreifen müssen, um Ihren Unterhaltsanspruch nicht zu gefährden.

Unterhalt wegen Krankheit

Sind Sie wegen Krankheit oder Gebrechlichkeit auf Dauer nicht arbeitsfähig, müssen Sie das durch ein ärztliches Attest belegen. Ist die Krankheit allerdings erst nach der Scheidung entstanden, haben Sie keinen Unterhaltsanspruch. Kommt es zu einem Prozeß, kann das Familiengericht ein ärztliches Gutachten über Ihren Gesundheitszustand einholen. Vom Ergebnis dieses Sachverständigengutachtens hängt es ab, ob Sie sich um einen Arbeitsplatz hätten bemühen müssen.

Wenn der Gutachter meint, daß Sie aus gesundheitlichen Gründen gar nicht oder nur halbtags arbeiten können, muß Ihr Mann Ihren Unterhaltsbedarf vollständig decken oder Aufstockungsunterhalt zahlen.

Unter Umständen kommt auch eine Berufs- oder Erwerbsunfähigkeitsrente in Betracht. Dann sind Sie verpflichtet, einen solchen Rentenantrag zu stellen.

Unterhalt in besonderen Härtefällen

Das Gesetz kennt noch einen Unterhaltsanspruch in besonderen Härtefällen. Diese sind so speziell und ergeben sich aus den persönlichen Lebensschicksalen der Eheleute, daß wir nur zwei Beispiele nennen möchten: Ein Unterhaltsanspruch besteht z. B., wenn die Frau über lange Jahre die Kinder des Mannes aus früherer Ehe betreut oder seine Eltern gepflegt hat und deswegen nicht berufstätig sein konnte.

2. Wann muß mein Mann keinen Unterhalt zahlen?

Wenn Sie im Scheidungsfolgenvergleich auf Ihren Unterhalt verzichtet haben:

Vielen Frauen wird nahegelegt, auf Unterhalt ab Scheidung zu verzichten, wenn sie zum Zeitpunkt der Scheidung für ihren Unterhalt selbst aufkommen. Seien Sie vorsichtig mit einem Unterhaltsverzicht!

Verzichten Sie auf keinen Fall,

- wenn Sie neben Ihrer Arbeit kleine Kinder zu betreuen haben;
- wenn Ihre Gesundheit zum Zeitpunkt der Scheidung zwar schon angegriffen ist, Sie aber noch arbeiten;
- wenn Sie nach längerer Hausfrauentätigkeit wegen der Trennung oder Scheidung wieder eine Erwerbstätigkeit angefangen haben;
- wenn Sie damit rechnen müssen, arbeitslos zu werden, oder bereits arbeitslos sind und Ansprüche auf Arbeitslosenhilfe geltend machen (das Arbeitsamt wird dann den Unterhaltsbetrag, den Ihr Mann an Sie zu zahlen hätte, von Ihrer Arbeitslosenhilfe anteilig abziehen);
- wenn Sie Sozialhilfe beziehen oder absehbar ist, daß Sie Sozialhilfe benötigen werden (das Sozialamt könnte behaupten, Sie hätten «mutwillig» auf Unterhaltsansprüche verzichtet, und Ihnen die Sozialhilfe streichen).

Hinweis:
Wenn Sie auf nachehelichen Unterhalt verzichtet haben und ein gemeinsames Kind betreuen und später wieder auf Unterhaltszahlungen Ihres Mannes angewiesen sind, können die Gerichte unter Umständen entscheiden, daß Ihr Mann trotz Ihres schriftlichen Unterhaltsverzichts für Sie Unterhalt zahlen muß, wenn das Wohl des gemeinsamen Kindes dies erfordert. Allerdings ist dann der Unterhaltsanspruch in seiner Dauer und Höhe auf das Notwendigste beschränkt. Lassen Sie sich hier unbedingt anwaltlich beraten.

Wenn Ihre Ehe von kurzer Dauer war:

Von einer kurzen Ehe spricht man, wenn zwischen Heirat und der Zustellung des Scheidungsantrages etwa zwei Jahre liegen. Die Folge ist, daß die Frau nach einer solchen kurzen Ehe ab Rechtskraft der Scheidung keine Unterhaltszahlungen mehr vom Mann beanspruchen kann. Auch hier gibt es Ausnahmefälle, besprechen Sie dies mit Ihrer Anwältin.

Wenn Sie allerdings gemeinsame Kinder betreuen, kommt es überhaupt nicht darauf an, wie lange Sie verheiratet waren. Während der Kinderbetreuung haben Sie Anspruch auf Unterhalt.

Wenn Sie mit Ihrem Freund zusammenleben:

Oftmals will Ihr geschiedener Mann keinen Unterhalt mehr bezahlen, wenn Sie mit einem anderen Mann in einem eheähnlichen Verhältnis zusammenleben. Dann müssen Sie dieselben Punkte bedenken, die wir bereits im Kapitel 4 dargestellt haben (siehe Seite 90f.).

Wenn Sie wieder heiraten:

Wenn Sie wieder heiraten, haben Sie gegen Ihren geschiedenen Mann keinen Unterhaltsanspruch.

Wird Ihre zweite Ehe auch geschieden, so müssen Sie von Ihrem zweiten Ehemann Unterhalt fordern, wenn Sie sich nicht selbst ernähren können. Unter Umständen muß nach der zweiten Scheidung Ihr erster Mann wieder Unterhalt für Sie zahlen, z. B. wenn Sie Kinder aus der ersten Ehe betreuen. Sind Sie in einer derartigen Situation, müssen Sie sich auf alle Fälle mit Ihrer Anwältin beraten.

3. Wann muß mein Mann weniger Unterhalt zahlen?

Wenn Ihr Mann eine neue Familie gründet:

Im Prinzip ändert eine Heirat des Mannes nichts am Unterhaltsanspruch der geschiedenen Frau. Hat er jetzt aber eigene minderjährige Kinder zu versorgen, kann Ihr Unterhaltsanspruch der Höhe nach reduziert werden.

Wenn Ihr Mann keinen Unterhalt zahlen will, weil er in seiner neuen Verbindung die Haushaltsführung oder Kinderbetreuung übernommen hat und deswegen nicht mehr arbeitet, bedeutet dies nicht, daß Ihr Unterhaltsanspruch entfällt. Der Wunsch, sich ganz auf sein Kind aus der neuen Verbindung oder Ehe zu konzentrieren, darf nicht zu Ihren Lasten gehen. Zumindest muß er eine Nebentätigkeit aufnehmen und seine häusliche Tätigkeit auf das unbedingt notwendige Maß beschränken, um Ihren Unterhalt jedenfalls teilweise zu sichern.

Wenn Ihr Mann weniger oder etwas anderes arbeiten will:

Äußert Ihr Mann die Absicht, künftig gar nicht mehr oder weniger zu arbeiten, um seinen Hobbys nachzugehen oder sich selbst zu verwirklichen, so darf er dadurch seine Unterhaltspflichten nicht vernachlässigen. Wenn er ohne zwingenden Grund sein Einkommen verringert, hat dies auf die Höhe Ihres Unterhaltsanspruchs keinen Einfluß.

Wenn Ihr Mann arbeitslos geworden ist:

Grundsätzlich muß auch bei Arbeitslosigkeit der Unterhalt weiter gezahlt werden. Durch das verminderte Einkommen kann aber eine Reduzierung oder gänzlicher Wegfall des Unterhalts die Folge sein.

Allerdings muß der Unterhaltspflichtige wie die Unterhaltsberechtigte (siehe Seite 143 und 139) nachweisen, daß er sich intensiv um einen neuen Arbeitsplatz bemüht hat. Dazu gehört auch, daß man ihm zumutet, sich gegen eine Kündigung seines Arbeitgebers durch eine Kündigungsschutzklage zu wehren. Geschieht dies nicht, kann Ihr Mann so gestellt werden, als verdiene er wie vorher.

Dies gilt auch, wenn Sie nachweisen können, daß Ihr Mann seinen Arbeitsplatz mutwillig aufgegeben hat, sei es durch eigene Kündigung oder durch Aufhebungsvertrag mit seinem Arbeitgeber.

Wenn Ihr Mann zuwenig verdient:

Kann Ihr Mann für Sie und Ihre Kinder nicht ausreichend zahlen, weil sein Einkommen nicht reicht, wird das zur Verfügung stehende Geld aufgeteilt. Diese sogenannten Mangelfälle sind schwierig zu berechnen. Fragen Sie Ihre Anwältin.

Wenn Sie eigenes Vermögen haben:

In diesem Fall müssen Sie nach der Scheidung Ihr Vermögen grundsätzlich für Ihren Unterhalt verwenden, und zwar nicht nur die Erträge des Vermögens, z. B. Zinsen oder Mieteinkünfte, sondern auch das Vermögen selbst. Von diesem Grundsatz gibt es jedoch *Ausnahmen*:

Hat Ihr Ehemann selbst Vermögen oder hohe Einkünfte, brauchen Sie Ihr Vermögen nicht anzugreifen, dies wäre unbillig. Dies alles gilt auch, wenn Ihr Vermögen aus dem Zugewinn stammt und Ihr Mann seinen Anteil nicht verwertet.

Sie brauchen Ihr Vermögen nicht für Ihren Lebensunterhalt einzusetzen, wenn dies unwirtschaftlich wäre. So können Sie z. B. in der Regel nicht gezwungen werden, das von Ihnen bewohnte Haus oder die Eigentumswohnung unter Wert zu verkaufen, um von dem Erlös zu leben. Allerdings wird dann berücksichtigt, daß Sie mietfrei wohnen. Dadurch kann sich Ihr Unterhaltsanspruch mindern.

Unter Umständen kann Ihnen auch zugemutet werden, Ihr Vermögen so ertragreich wie möglich anzulegen, wenn z. B. die tatsächliche Anlage des Vermögens sich eindeutig als unwirtschaftlich darstellt. Lassen Sie sich anwaltlich beraten.

Wenn Ihr Ehemann ein sehr viel höheres Einkommen hatte als Sie:

Wie bei der zeitlichen Begrenzung des Unterhalts ist eine Herabsetzung nur ausnahmsweise aus Billigkeitsgründen möglich. Gedacht ist dabei vorrangig an Fälle, in denen der Mann sehr gut verdient, die Frau wenig oder gar kein Einkommen hat und die Ehe nur wenige Jahre dauerte und kinderlos war. Hier sollte die Frau nach der Vorstellung des Gesetzgebers nicht auf Dauer nach der Scheidung an dem Lebensstandard teilhaben, der von dem Einkommen des Mannes geprägt war.

Immer wenn Ihr Mann eine Reduzierung Ihres Unterhalts beantragt, lassen Sie sich unbedingt anwaltlich beraten.

Wenn Sie eine Arbeit aufgenommen haben oder Ihr eigener Verdienst gestiegen ist:

Wegen der gegenseitigen Rücksichtnahme, die auch nach der Scheidung noch von beiden geschiedenen Ehepartnern gefordert wird, sind Sie in der Regel verpflichtet, Ihren geschiedenen Mann davon zu unterrichten, daß Sie jetzt ein eigenes Einkommen haben bzw. Ihr Einkommen sich in Zukunft dauerhaft erhöhen wird.

4. Wann kann mein Mann den Unterhalt zeitlich begrenzen?

Ihr Mann kann in bestimmten Fällen bei Gericht beantragen, Ihnen nur für eine bestimmte Zeit nach der Scheidung Unterhalt zahlen zu müssen. Das ist jedoch nur möglich, wenn eine unbegrenzte Unterhaltsverpflichtung für ihn unbillig wäre.

Wenn Sie sehr lange verheiratet waren und bei der Scheidung wegen Krankheit oder Alters nicht mehr arbeiten konnten, haben Sie grundsätzlich bis zu Ihrem Tode einen Unterhaltsanspruch.

Waren Sie aber z. B. kinderlos und nicht lange verheiratet und wurden dann nach der Scheidung arbeitslos, können Sie nicht darauf vertrauen, daß Sie für die ganze Dauer der Arbeitslosigkeit Unterhalt von Ihrem Mann bekommen. Das wird damit begründet, daß die Arbeitslosigkeit dann keine «durch die Ehe bedingte» mehr sei, sondern allgemein auf der schlechten Wirtschaftslage beruhe. Das gleiche gilt, wenn Sie Aufstockungsunterhalt (siehe dazu dieses Kapitel, oben Seite 143) erhalten und keine gemeinsamen Kinder betreut haben. Wenn Ihr Mann eine zeitliche Begrenzung der Unterhaltszahlung beantragt, lassen Sie sich auch hier unbedingt anwaltlich beraten.

5. Wie behalte ich meinen Krankenversicherungsschutz?

Bis zur Rechtskraft der Scheidung muß Ihr Mann, wenn Sie nicht selbst krankenversichert sind, für einen Versicherungsschutz sorgen. Nach der Scheidung sind Sie dafür selbst verantwortlich. Die Kosten hierfür sind nicht im laufenden Unterhalt enthalten. Sie müssen zusätzlich zu dem Unterhalt von Ihrem Mann übernommen werden.

Wenn Sie bisher bei Ihrem Mann «gesetzlich» krankenversichert waren, müssen Sie sich nach der Scheidung um einen eigenen Versicherungsschutz kümmern. Die Familienversicherung für die Frau endet nämlich mit der Scheidung. Wenn Sie bei der bisherigen Krankenkasse versichert bleiben wollen, müssen Sie dies der Krankenkasse innerhalb von drei Monaten ab Rechtskraft der Scheidung mitteilen. Dann *muß* die Krankenkasse Sie als Mitglied behalten. Ein solches Schreiben kann so aussehen:

Traute Stark
Am Burggraben 13
10557 Berlin

An die AOK Berlin, den …

Sehr geehrte Damen und Herren,

ich war bisher über meinen Mann, Hans Stark, krankenversichert. Mein Mann ist am … geboren und hat die Mitgliedsnummer … Seit dem … bin ich von ihm rechtskräftig geschieden. Ich erkläre hiermit ausdrücklich, daß ich weiter bei Ihnen versichert bleiben will.
Das Scheidungsurteil reiche ich Ihnen in Kopie nach.

Mit freundlichen Grüßen
Traute Stark

Informieren Sie sich rechtzeitig darüber, welche Krankenversicherung für Sie am günstigsten ist. Denn wenn Sie Krankenversicherungsunterhalt von Ihrem Mann beanspruchen, sind Sie verpflichtet, die Kosten niedrig zu halten. Die Weiterversicherung in der gesetzlichen Krankenversicherung kann Vorteile gegenüber der Möglichkeit haben, in eine private Krankenversicherung neu einzutreten.

6. Altersversorgung, insbesondere Vorsorgeunterhalt

Bei der Scheidung wird der Versorgungsausgleich durchgeführt. Wenn Ihr Mann während der Ehe mehr verdient hat als Sie, erhalten Sie durch den Versorgungsausgleich eigene Rentenansprüche (siehe 9. Kapitel). Mit dem Versorgungsausgleich werden nur Rentenanwartschaften bis zur Zustellung des Scheidungsantrags erfaßt. Für die Zeit danach sind Sie für Ihre Altersversorgung selbst verantwortlich.

Üben Sie keine versicherungspflichtige Erwerbstätigkeit aus oder verdienen Sie erheblich weniger als Ihr Mann, muß Ihr Mann, wenn er dazu in der Lage ist, Ihnen zusätzlich zum Unterhalt auch einen Zuschuß zu den Beiträgen für eine angemessene Alters- und Berufs- bzw. Erwerbsunfähigkeitsversicherung zahlen. Diese Vorsorge kann entweder durch Fortführen der gesetzlichen Rentenversicherung oder durch eine private Versicherung erfolgen.

Der Vorsorgeunterhalt ist ein Unterhaltsanspruch, der im laufenden Unterhalt nicht enthalten ist und daher zusätzlich zum Unterhalt gefordert werden muß. Die Höhe des Vorsorgeunterhalts wird mit Hilfe der sog. *Bremer Tabelle* errechnet. Wir verzichten auf den Abdruck, weil sich die Tabelle häufig ändert und die Berechnungen von einer Fachfrau durchgeführt werden sollten.

Wenn Ihr Mann in der Lage ist, mehr als den laufenden Unterhalt zu zahlen, kann Ihre Anwältin, wenn der Scheidungsantrag eingereicht ist, neben dem sog. Elementarunterhalt auch Altersvorsorgeunterhalt für Sie geltend machen.

8. Kapitel

Was bleibt noch auseinanderzurechnen?

1. Wie wird der Hausrat verteilt?

Sofern Sie sich noch nicht während der Trennungszeit über den gemeinsamen Hausrat mit Ihrem Mann geeinigt haben, müssen Sie dies spätestens bei der Scheidung tun.

Zum Hausrat gehören alle Sachen, die von der Familie benutzt werden. Hausrat sind z. B. Küchengegenstände, Wohnungseinrichtung, Wäsche, Kindersachen, Staubsauger, Waschmaschine, Radio, Fernseher, Video, Musikinstrumente, ebenso Bücher, Gartenmöbel und -geräte, Wohnwagen, Vorräte usw.

Nicht zum Hausrat gehören:

- Gegenstände, die ausschließlich bzw. überwiegend von einem Ehepartner beruflich genutzt werden (z. B. der Pkw oder das Klavier der Klavierlehrerin);
- die persönlichen Dinge der Eheleute wie Kleidung, Schmuck, Familienandenken;
- die Gegenstände, die jeder Ehegatte nach der Trennung für sich angeschafft hat.

Wer welche Hausratsgegenstände erhält, hängt zumeist von den Eigentumsverhältnissen ab. Auch in einer Ehe bleibt jeder Ehepartner Eigentümer der Gegenstände, die er in die Ehe mitgebracht hat, und kann diese bei der Hausratsteilung behalten. Dies gilt auch, wenn dieser Gegenstand während der Ehe ersetzt wird.

Hausratsgegenstände, die während Ihrer Ehe zur gemeinsamen Haushaltsführung angeschafft wurden, stehen in Ihrem gemeinsamen Eigentum, egal wer sie bezahlt hat. Dies gilt auch für Hochzeitsgeschenke. Wenn keiner von Ihnen beweisen kann, daß ihm bestimmte Gegenstände allein gehören, so gilt der in der Ehezeit angeschaffte Hausrat als gemeinschaftliches Eigentum.

Am besten ist es, wenn Sie mit Ihrem Mann gemeinsam überlegen, wie sich die Aufteilung am sinnvollsten durchführen läßt.

Bewährt hat sich, daß Sie anhand einer Liste der Hausratsgegenstände gemeinsam mit Ihrem Ehemann die Verteilung vornehmen, indem hinter jeden Gegenstand der Name des Ehepartners gesetzt wird, der den Gegenstand erhalten soll. Hierbei können Sie sich unabhängig von den Eigentums- und Erwerbsverhältnissen einigen. Sie haben aber beide keinen Anspruch darauf, einen Ausgleich in Geld zu bekommen, wenn der Großteil des Hausrats nur bei einem von Ihnen bleiben soll und die Verteilung nicht als gerecht empfunden wird. Sie können natürlich einen Ausgleichsbetrag vereinbaren, wenn Sie sich einig sind. Ein Anspruch hierauf besteht aber nicht.

Wichtig ist, daß die Liste nach der Aufteilung der Hausratsgegenstände von Ihnen beiden mit dem Datum versehen und unterschrieben wird. Dann kann hinterher nichts mehr geändert werden.

Wir können nur dringend raten, sich intern mit Ihrem Mann über die Verteilung des Hausrats zu einigen. Die Verteilung des Hausrats über das Gericht ist nämlich sehr aufwendig.

Gibt es jedoch keine Einigung, können Sie eine Entscheidung des Familiengerichts beantragen. Sie müssen dann dem

Gericht eine vollständige Liste des gesamten Hausrats, also vom Schrank bis zum Eßgeschirr, vorlegen mit Angabe des Anschaffungsjahres, Anschaffungswertes und Zeitwertes der jeweiligen Gegenstände. Anhand dieser Auflistung und Angaben nimmt dann das Gericht die Aufteilung des Hausrats vor. Das Gericht soll den gemeinsamen Hausrat gerecht und zweckmäßig verteilen, je nachdem, wer was braucht. Das Gericht muß dabei die Umstände des Einzelfalles, insbesondere das Wohl der Kinder, berücksichtigen. Weshalb die Ehe zerrüttet ist, spielt bei der Teilung des Hausrats keine Rolle.

Ausnahmsweise kann das Gericht auch Hausratsgegenstände, die im Alleineigentum eines Ehepartners stehen, dem anderen zuweisen, wenn dieser auf die Weiterbenutzung angewiesen ist und es dem Eigentümer zugemutet werden kann, die Sachen dem anderen zu überlassen. Es muß sich um Sachen handeln, die für das Leben des einen Ehepartners unentbehrlich sind. Die Entscheidung des Gerichts könnte im Einzelfall z. B. so aussehen, daß die Ehefrau die Waschmaschine, die dem Mann gehört, bekommt, weil sie kleine Kinder zu versorgen hat.

Läßt sich der Hausrat wertmäßig nicht gleich aufteilen, so *kann* das Gericht bestimmen, daß derjenige, der weniger bekommt, einen finanziellen Ausgleich erhält.

2. Was ist der Zugewinnausgleich?

Wenn Sie sich scheiden lassen wollen, möchten Sie sicherlich auch finanziell mit Ihrem Mann auseinanderkommen. Hierzu muß der sogenannte Zugewinnausgleich durchgeführt werden. Diese Materie ist so schwierig und kompliziert, daß wir dringend empfehlen, sich anwaltlich beraten zu lassen.

Ausgangspunkt für den Zugewinnausgleich ist, daß Sie mit

Ihrem Mann im gesetzlichen Güterstand der Zugewinngemeinschaft leben. Diesen Güterstand begründen Sie automatisch mit der Heirat, wenn Sie keinen notariellen Ehevertrag über Gütertrennung geschlossen haben. Aber schon das Wort Zugewinngemeinschaft ist mißverständlich. Tatsächlich ist es nämlich so, daß die Vermögen von Ehefrau und Ehemann während der gesamten Ehe getrennt bleiben. Sie fließen keineswegs in einen Topf zusammen. Nur wenn es Werte gibt, die ausdrücklich auf Ihrer beider Namen laufen, sind diese Ihnen beiden je zur Hälfte zuzuordnen. Auch die Zugewinngemeinschaft ist eine Form der Gütertrennung, so daß jeder Ehepartner während der Ehe Eigentümer seines Vermögens bleibt und auch während der Ehe alleiniges Eigentum erwerben kann. Erst bei der Scheidung findet ein Ausgleich zwischen bestimmten Vermögensteilen der Ehepartner statt.

Da es während der ganzen Ehe getrenntes Vermögen gibt, muß für jeden Ehepartner gesondert ermittelt werden, ob bei ihm ein Zugewinn entstanden ist. Hierzu macht man bei den Ehepartnern zwei «Momentaufnahmen»:

Zum einen wird aufgenommen, was jeder Ehepartner am Tag der Hochzeit an Vermögenswerten hatte. Die zweite Aufnahme wird am Tag der Beendigung des Güterstandes gemacht. Dieses ist der Tag, an dem der Scheidungsantrag dem anderen Ehegatten zugestellt wurde. Dieses Datum wird vom Familiengericht mitgeteilt. Auch zum Tag der Beendigung des Güterstandes wird für jeden Ehegatten aufgenommen, welche Vermögenswerte und Schulden bei ihm vorhanden waren.

Der Vermögensstand bei Heirat wird als *Anfangsvermögen* bezeichnet, der bei Beendigung *Endvermögen* genannt. Zugewinn ist vorhanden, wenn das Endvermögen das Anfangsvermögen übersteigt. Wer den höheren Zugewinn hat, muß die Hälfte dieses «Mehr» nach der Scheidung an den anderen Ehegatten auszahlen. Dieses ist dann der Zugewinnausgleich.

Was gehört zum Zugewinn?

Da Zugewinn nur entsteht, wenn ein positives Endvermögen vorhanden ist, muß eine Liste aufgestellt werden mit allen Positionen, die den Bestand der finanziellen Situation am Ende der Ehe getrennt bei Ehemann und Ehefrau wiedergeben. Hierzu gehören auf der Aktivseite beispielsweise:

- Haben-Kontostände sämtlicher Festgeld-, Spar-, Girokonten,
- Wertpapierdepots,
- Immobilien,
- Wert eines Pkw, wenn er nicht zum Hausrat gehört,
- Lebensversicherungen (Kapitallebensversicherungen, Direktversicherungen aus betrieblicher Altersversorgung).

Da eine Lebensversicherung meistens nicht auszahlungsreif ist, muß ihr Wert zum Stichtag berechnet werden.

Wenn die Versicherung fortgeführt werden soll (z. B. die Kapitallebensversicherung zur Altersvorsorge), muß ein Zeitwert berechnet werden. Wird die Versicherung nicht fortgeführt, z. B. bei voraussichtlicher Kündigung, wird der sogenannte Rückkaufswert ermittelt. Die Ermittlung des Wertes kann nur vom Versicherer zum Stichtag vorgenommen werden.

Ein Anspruch auf Auszahlung der Hälfte der Versicherungssumme besteht nicht.

Vom aktiven Vermögen müssen die Verbindlichkeiten abgezogen werden. Hierzu gehören beispielsweise:

- Kreditschulden,
- Negativsalden auf dem Girokonto,
- Schulden gegenüber Versandhäusern und anderen Gläubigern,
- Steuerschulden.

Wie wird der Zugewinnausgleich errechnet?

Da Zugewinn nur besteht, wenn das Endvermögen höher ist als das Anfangsvermögen, ist es sehr wichtig, diese beiden Werte so genau wie möglich zu ermitteln.

Da der Zugewinn bei jedem Ehepartner getrennt festgestellt wird, muß hier sehr genau auch auf die Interessenlage geachtet werden: Ein Ehepartner, der keinen oder nur einen geringen Ausgleich zahlen will, achtet darauf, ein hohes Anfangsvermögen aufzuzeigen und ein niedriges Endvermögen zu haben, weil dann kein Zugewinn entstanden ist und er nichts oder nur wenig auszugleichen braucht. Sie sollten deshalb Informationen und Fotokopien über das Vermögen Ihres Mannes sammeln, schon bevor es mit der Scheidung losgeht.

Nur wenn die Summe der Aktivposten höher ist als die der Schulden, entsteht ein Endvermögen bei dem Ehepartner, bei dem der Zugewinn errechnet werden soll. Hier sollte aber immer Rat von einer Anwältin oder Notarin eingeholt werden. Eine Saldierung der einzelnen Posten sollte aber immer vorgenommen werden, damit Sie wissen, auf welche Regelung Sie sich einlassen können und welche Sie ablehnen sollten. Unsere Darstellung orientiert sich an der gesetzlichen Regelung. Selbstverständlich können Sie sich mit Ihrem Ehemann auf eine andere Berechnungsmethode einigen.

Waren Sie oder Ihr Mann zu Beginn der Ehe verschuldet, so zählt das Anfangsvermögen mit Null. Der Gesetzgeber wollte nicht, daß das Anfangsvermögen negativ ist. Hatte Ihr Mann z. B. zu Beginn der Ehe Schulden von DM 50 000,– und hat er am Ende der Ehe als Endvermögen DM 10 000,–, so beläuft sich sein Zugewinn auf DM 10 000,–, obwohl ein Vermögenszuwachs von DM 60 000,– erzielt wurde.

Die Berechnung des Anfangsvermögens beginnt erst ab Null. Dieses ist sicherlich in vielen Fällen ungerecht. Sie müssen sich immer wieder vorstellen, daß Zugewinn eine Rechengröße ist und keine Vermögensmasse.

Es spielt keine Rolle, was mit dem Vermögen während des Verlaufs der Ehe geschah. Entscheidend sind nur die Vermögensverhältnisse zu den hier genannten Daten.

Rechenbeispiel:

	Ehefrau	Ehemann
Endvermögen:		
• Ersparnisse	DM 3000,–	DM 10 000,–
• Schulden	DM 0,–	DM 5000,–
	DM 3000,–	DM 5000,–
Anfangsvermögen:	DM 1000,–	DM 0,–
Zugewinn:	DM 2000,–	DM 5000,–

Der Zugewinn des Mannes übersteigt den Zugewinn der Frau um DM 3000,–. Die Frau hat also einen Zugewinnausgleichsanspruch von DM 1500,–.

Besonderheiten gelten allerdings für folgenden Vermögenserwerb während der Ehe:

- Schenkungen – Auch diese Vermögenssteigerungen werden grundsätzlich dem Anfangsvermögen zugerechnet.
- Erbschaft – Machen Sie während der Ehe eine Erbschaft oder erhalten Sie eine Schenkung als vorgezogenen Erbteil, so wird dieser Vermögenswert Ihrem Anfangsvermögen zugerechnet.
- Ausstattung – Wenn Sie von Ihren Eltern zur Hochzeit eine Aussteuer erhalten oder aber Geld, um eine Aussteuer zu erwerben, so werden diese Werte ebenfalls Ihrem Anfangsvermögen hinzugerechnet.

Da beim Zugewinnausgleich der Grundsatz herrscht, daß jeder Ehepartner zunächst einmal mit dem Vermögen wieder aus der Ehe gehen soll, mit dem er in die Ehe gegangen ist, und lediglich der Zuwachs während der Ehe ausgleichspflichtig sein soll, begünstigt die eben dargestellte Berechnungsmethode denjenigen, der erbt, Schenkungen erhält oder eine Ausstattung mitbringt. Das Anfangsvermögen braucht er nicht mit dem anderen Ehepartner zu teilen. Allerdings gibt es auch bei Erbschaften, Schenkungen und Ausstattungen Wertsteigerungen, wie bei jedem anderen Anfangsvermögen auch. Diese Wertsteigerungen während der Ehe sind wiederum Teil des Zugewinns.

Es gibt Sonderfälle, bei denen die Berechnung des Zugewinnausgleichs zu ungerechten Ergebnissen führen würde. Hierbei handelt es sich z. B. um die Probleme der unbenannten Zuwendung. Unbenannt, weil bei der Überlassung der Geldmittel nicht ausdrücklich gesagt wurde, daß die Zuwendung das Fortbestehen und Gelingen der Ehe zur Grundlage hatte. Wenn die Regelung nach den oben beschriebenen Methoden zu einem ungerechten Ergebnis führen würde, geht die Rechtsprechung hier neue Wege. Sie sollten mit Ihrer Anwältin klären, ob Sie Chancen haben, daß das Ihrem Mann aus Ihrem Vermögen Zugewendete Ihnen letztlich wieder zugute kommt.

Der Zugewinnausgleich kann nur in absoluten Ausnahmefällen bei grober Unbilligkeit ausgeschlossen werden.

Wie erhalte ich Auskunft über das Vermögen meines Ehemannes?

Viele Frauen wissen nicht, welche Vermögenswerte ihr Mann hat. Viele Männer sind auch sehr geschickt darin, ihren Ehefrauen ihr wirkliches Vermögen zu verschleiern. Ihr Mann ist aber verpflichtet, Ihnen über seine Vermögenswerte zum

Stichtag, das ist der Zeitpunkt der Zustellung des Scheidungsantrags, Auskunft zu geben. Sie müssen ihn auffordern, Ihnen eine genaue Aufstellung über sein Vermögen vorzulegen unter Nennung der wertbildenden Faktoren.

Verweigert ihr Mann die Auskunft oder antwortet er auf Ihre Schreiben einfach nicht, so können Sie ihn auf Auskunft verklagen. Sie haben unter Umständen auch das Recht, von Ihrem Mann zu verlangen, daß er die Vollständigkeit und Richtigkeit seiner Auskunft eidesstattlich versichert.

Auch Sie müssen Ihrem Mann Auskunft über Ihr Vermögen geben, wenn er Sie dazu auffordert.

Ist der Zugewinnausgleich auch während der Ehe möglich?

In drei Fällen können Sie auch während einer bestehenden Ehe den Ausgleich des Zugewinns verlangen:

- Sie leben bereits 3 Jahre von Ihrem Mann getrennt;
- Sie bemerken, daß Ihr Mann versucht, Vermögenswerte beiseite zu schaffen;
- Ihr Mann weigert sich ohne ausreichenden Grund, Sie über den Bestand seines Vermögens zu informieren.

Ausgleichsforderung

Der Zugewinn ist in Geld auszugleichen. Wenn das aber in Ihrem Fall nicht möglich ist, weil Bargeld fehlt, Ihr Ehemann aber Wertgegenstände (Auto, Firmenanteil) hat, können Sie beim Gericht beantragen, daß Ihnen statt der Geldzahlung bestimmte Wertgegenstände zugesprochen werden.

Die Ausgleichsforderung verjährt in drei Jahren, gerechnet vom Zeitpunkt der rechtskräftigen Scheidung an. Das Gericht kann auch entscheiden, daß die Ausgleichszahlung gestundet wird. Steht Ihnen eine größere Ausgleichsforderung zu, sollten Sie dafür eine entsprechende Sicherheit verlangen. Die Geldforderung nützt Ihnen nämlich nichts mehr, wenn Ihr Mann später kein Vermögen mehr hat. Lassen Sie sich von Ihrer Rechtsanwältin hierüber beraten.

3. Was passiert mit den Schulden?

Jeder Ehepartner ist für seine Schulden selbst verantwortlich. Hat ein Ehepartner Schulden gemacht, die aus dem Zusammenleben entstanden sind (z. B. Heizkostennachforderung, Kontoüberziehung wegen gemeinsamer Urlaubsreise), hat er diese Schulden gegenüber dem Kreditgeber allein abzutragen. Er kann von dem anderen Ehepartner verlangen, daß dieser ihm die Hälfte erstattet.

Wenn Sie zusammen einen Kreditvertrag abschließen, den Sie beide unterschreiben, haften Sie gemeinsam gegenüber dem Kreditgeber. Das bedeutet, daß jeder von Ihnen für die *ganze* Summe haftet.

Versuchen Sie mit Ihrem Mann bei Trennung oder Scheidung eine klare Regelung darüber zu treffen, wer welchen Teil dieser gemeinsamen Schulden abzahlt. Dabei sollten Sie darauf achten, daß Sie intern keine Schulden übernehmen, die ausschließlich zugunsten Ihres Mannes gemacht worden sind (z. B. für seine Hobbys). Diese Vereinbarung sollten Sie beide schriftlich festhalten und unterschreiben.

Der Kreditgeber ist nicht verpflichtet, auf eine interne Vereinbarung mit Ihrem Ehemann Rücksicht zu nehmen. Zahlt Ihr Ehemann entgegen Ihrer Absprache nicht, wird die Bank Sie trotzdem voll in Anspruch nehmen. Sie können sich dann das Geld von Ihrem Mann wiederholen.

Wenn Sie sich über die Verteilung der Schulden geeinigt haben, können Sie zusätzlich versuchen, diese bei den Gläubigern durchzusetzen. Dies gelingt meist nur durch eine *Umschuldung*. Jeder Ehepartner muß allein einen neuen Kredit aufnehmen, mit dem die alten Schulden abgelöst werden. Anders sind die alten Gläubiger oft nicht bereit, einen Ehepartner aus dem gemeinsam geschlossenen Vertrag zu entlassen (siehe *Musterbriefe*; 1. Kapitel, Abschnitt 7, Seite 28 ff.).

Häufig wird die Umschuldung aber nur zu schlechteren Konditionen angeboten. Wenn Sie befürchten, daß sich dadurch Ihre Schulden erhöhen, lassen Sie sich beraten, z. B. von einer Schuldenberatungsstelle oder der Verbraucherzentrale.

4. Wie ist es bei Gütertrennung?

Haben Sie bei der Eheschließung oder während der Ehe einen notariellen Vertrag über Gütertrennung geschlossen und besteht dieser bei Beendigung der Ehe noch immer, findet kein Zugewinnausgleich statt.

Schulden können aber dennoch entstanden sein, wenn Sie gemeinsam mit Ihrem Mann Zahlungsverpflichtungen eingegangen sind, indem Sie z. B. Kreditverträge mit unterschrieben oder Bürgschaftserklärungen für Ihren Mann abgegeben haben. In diesen Fällen nützt Ihnen die Gütertrennung überhaupt nichts, weil Sie durch Ihre Unterschrift gegenüber dem Geldgeber haften. Diese Haftung besteht auch nach Ihrer Scheidung weiter. Sie können lediglich versuchen, daß der Geldgeber eine Umschuldung vornimmt und Sie aus der Haftung entläßt. Ein Anspruch hierauf besteht aber auch nach der Scheidung nicht.

Sie sollten versuchen, von Ihrem Mann eine sogenannte *Freihalteerklärung* zu bekommen, in der er sich verpflichtet, Sie von der Inanspruchnahme der Kreditgeber im Innenverhältnis freizuhalten. Diese Erklärung hat keine Gültigkeit gegenüber dem Kreditgeber, und wenn bei Ihrem Mann nichts zu holen ist, müssen Sie trotz Freihalteerklärung zahlen.

5. Das gemeinsame Hausgrundstück

Wenn Sie sich mit Ihrem Ehemann während der Ehe ein Haus oder eine Eigentumswohnung angeschafft haben, muß bei der Trennung geregelt werden, wie Sie sich finanziell auseinandersetzen und wer weiterhin das Familienheim bewohnen soll.

Im Normalfall haben Eheleute das Familienheim als Miteigentümer je zur Hälfte gekauft und sind auch beide im Grundbuch eingetragen. Wenn Sie hier nicht sicher sind, prüfen Sie die Grundstücksunterlagen, oder sehen Sie im Grundbuch nach. Sind Sie beide Miteigentümer zur Hälfte, entsteht aus dem Hausanteil kein Zugewinn, weil die Anteile bei Ihnen und Ihrem Ehemann gleich hoch sind.

Möglich ist auch, daß nur Sie oder nur Ihr Ehemann das Alleineigentum an dem Grundstück haben. Wenn Ihr Anfangsvermögen mit Null anzusetzen ist, entsteht in diesem Fall Zugewinn bei dem Alleineigentümer. Zugewinn ist dann der Verkehrswert des Grundstücks abzüglich der darauf noch bestehenden Belastungen.

Die Berechnung des Zugewinns sagt nichts darüber aus, wer das Hausgrundstück nach der Scheidung behalten soll.

Sie können beide auch nach der Scheidung Miteigentümer bleiben. Wenn Sie beispielsweise mit den Kindern im Hause wohnen bleiben, müßten Sie Ihrem geschiedenen Mann eine Nutzungsentschädigung zahlen. Die laufende Belastung für das Haus würden Sie beide tragen, die Verbrauchskosten müßten Sie alleine zahlen. Hinsichtlich der Reparaturen am Haus sowie öffentlicher außergewöhnlicher Belastungen wären beide Miteigentümer zahlungspflichtig. Diese Möglichkeit ist aber nur gegeben, wenn sich die Eheleute über die Verteilung der Kosten und das Nutzungsentgelt einig werden können und der Ehemann seinen Miteigentumsanteil nicht ausgezahlt bekommen will.

Wenn Sie im Haus bleiben wollen, können Sie Ihrem geschiedenen Mann seinen Miteigentumsanteil abkaufen. Meistens verlangt der Ehemann in diesem Fall, daß er aus der Haftung für die Hausverbindlichkeiten entlassen wird und nur noch die Ehefrau haftet. Bevor die Bank schriftlich bestätigt, daß sie keine Forderung mehr gegen ihn hat, wird sie häufig von Ihnen weitere Sicherheiten verlangen, z.B. eine Bürgschaft der Eltern oder eine Lebensversicherung. Sie müssen sich also genau überlegen, ob Sie finanziell in der Lage sind, sowohl Ihren Ehemann auszuzahlen (dabei kann Ihr Zugewinnausgleichsanspruch verrechnet werden) als auch die laufende Belastung weiter zu tragen.

Können sich die Eheleute über das Hausgrundstück nicht einigen, so ist es möglich, einen Antrag auf Teilungsversteigerung beim Amtsgericht zu stellen. Ähnlich wie bei der Zwangsversteigerung wird die Immobilie öffentlich versteigert. Wer diesen Weg gehen will, sollte finanziell in der Lage sein, mitzubieten und das Objekt selbst zu erwerben. Es kann sonst sein, daß das Hausgrundstück von dritten Personen oder auch dem Ehemann zu einem Preis ersteigert wird, der nicht den Erwartungen und dem tatsächlichen Wert entspricht und vielleicht auch nicht die Schulden abdeckt.

Wenn Sie mit Ihren gemeinsamen minderjährigen Kindern im Haus wohnen bleiben wollen und Ihr Ehemann die Teilungsversteigerung beantragt, weil er seinen Anteil ausgezahlt haben möchte, so können Sie die Durchführung der Versteigerung für einen Zeitraum von bis zu fünf Jahren verhindern. Voraussetzung ist in diesem Fall, daß das Wohl eines gemeinschaftlichen Kindes ernsthaft gefährdet ist, wenn das Familienheim versteigert wird. Auch hier sollten Sie sich anwaltlich beraten lassen.

Diese Möglichkeit, Ihnen und den gemeinsamen Kindern das Familienheim zu erhalten, führt jedoch nur zu dem gewünschten Erfolg, wenn Sie von Ihrem eigenen Einkommen die laufenden Gesamtkosten für das Haus bezahlen können. Sonst kann Ihr Ehemann durch Nichtzahlung der Belastung erreichen, daß die Gläubiger (z. B. die Bank) die Zwangsversteigerung betreiben; dann kommt es nicht darauf an, ob das Wohl der Kinder gefährdet ist.

6. Vereinbarungen über Trennungs- und Scheidungsfolgen

Wenn Sie und Ihr Ehemann eine einverständliche Scheidung wollen, so versuchen Sie, sich über die Scheidungsfolgen (Kindesunterhalt, Hausrat, Zugewinnausgleich, evtl. Hausgrundstück) zu einigen und eine notarielle Trennungs- und Scheidungsfolgenvereinbarung abzuschließen. Sofern Sie und Ihr Ehemann miteinander reden können, empfiehlt es sich, diese Vereinbarung möglichst bald zu schließen, da Sie dann eine klare Regelung haben und sich nicht mehr streiten müssen.

Über Zugewinn und Grundbesitz können Sie sich wirksam nur einigen, wenn Sie Ihre Vereinbarung bei einer Notarin beurkunden lassen. Ausnahme: Eine privatschriftliche Vereinbarung zum Zugewinnausgleich *nach* rechtskräftiger Scheidung ist wirksam. Eine Regelung über Unterhalt und Hausrat kann auch privatschriftlich vereinbart werden.

Wenn Sie einen Vertrag mit den Punkten Zugewinnausgleich oder Hausgrundstück schließen wollen, so ist es zweckmäßig und kostengünstig, auch Ihre Vereinbarung zum Unterhalt und zum Hausrat mit in den Vertrag aufzunehmen. Die Durchsetzung eines Unterhaltsanspruchs kann dadurch vereinfacht werden, daß Ihr Ehemann sich in der Urkunde der Zwangsvollstreckung unterwirft. Dann können Sie aus der Urkunde die Vollstreckung einleiten, wenn der Ehemann nicht zahlt.

Sofern Sie diesen Vertrag während der Trennungszeit abschließen, das Scheidungsverfahren noch nicht läuft und vielleicht auch noch nicht begonnen werden soll, sollten Sie in dem notariellen Vertrag Gütertrennung vereinbaren, damit klare finanzielle Verhältnisse geschaffen sind. Wenn Sie den Scheidungsantrag eingereicht haben und dieser dem Ehemann bereits zugestellt ist, kann die notarielle Vereinbarung über die Scheidungsfolgen auch ohne eine Gütertrennung beurkundet werden. Über diese formellen Fragen sollten Sie unbedingt mit Ihrer Rechtsanwältin oder / und der Notarin sprechen.

Voraussetzung jeder Vereinbarung mit dem Ehemann ist, daß Sie Informationen über sein Einkommen und sein Vermögen haben.

Wenn Sie sich nicht später ärgern wollen, schließen Sie keinen Vertrag, bevor Sie nicht die nötigen Auskünfte haben.

Wenn Sie die Unterlagen zur Berechnung eines Unterhaltsanspruchs und eines Zugewinnausgleichsanspruchs zusammenhaben, lassen Sie sich anwaltlich beraten. Diese Berechnungen sind so schwierig, daß sie selbst von Juristen nicht immer richtig durchgeführt werden. Wissen Sie, was Sie wollen, so können Sie Ihrem Ehemann Vorschläge für die notarielle Vereinbarung machen.

Sollte Ihnen Ihr Ehemann vorschlagen, mit ihm zu seinem Rechtsanwalt oder Notar zu gehen und dort gleich eine Vereinbarung zu unterschreiben, so weigern Sie sich. Dies gilt ebenso für privatschriftliche Verträge, die Ihnen Ihr Ehemann zum Unterschreiben vorlegt. Auch bei notariellen Verträgen können Sie darauf bestehen, erst einen *Entwurf* zu erhalten.

Achtung:
Unterschreiben Sie nie etwas sofort. Lassen Sie sich den Vertrag geben, den Sie unterschreiben sollen, und besprechen Sie ihn unbedingt mit Ihrer Rechtsanwältin.

Sie sollten sich sicher sein, daß dies auch die für Sie richtige Lösung ist, weil Sie Ihre einmal gegebene Unterschrift praktisch nicht zurücknehmen können. Auch wenn Sie vom Ehemann überredet und fast gezwungen wurden, eine Vereinbarung zu unterschreiben, wird es in der Praxis, d. h. bei einem Streit oder einem folgenden Prozeß, selten gelingen, von dem Vertrag wieder loszukommen. Auch wenn Sie sich über die Punkte des Vertrages geirrt haben oder durch die Trennung seelisch sehr belastet waren, bleibt es nach unseren Erfahrungen meistens bei der einmal getroffenen Vereinbarung, da Sie diese *unterschrieben* haben.

Wenn Ihr Ehemann Gütertrennung vereinbaren will oder den Versorgungsausgleich ausschließen möchte, so bedenken Sie die Folgen. Bei der Vereinbarung von Gütertrennung muß vor Vertragsabschluß der Zugewinnausgleich errechnet und festgelegt werden. Wenn Sie den Versorgungsausgleich ausschließen, bedenken Sie, daß Ihre Altersversorgung möglicherweise nicht gesichert ist.

Beim Ausschluß des Versorgungsausgleichs tritt automatisch Gütertrennung ein, so daß auch hier wieder vorher der Zugewinnausgleich errechnet und festgelegt werden muß. Außerdem sollten Sie wissen, daß Sie bei einem solchen Ausschluß ein Jahr warten müssen, bis Sie die Scheidung einreichen können. Tun Sie dies früher, wird die Vereinbarung unwirksam.

In jedem Fall sollten Sie sich vor Unterschreiben eines Vertrages von Ihrer Anwältin beraten lassen.

9. Kapitel

Was habe ich vom Versorgungsausgleich zu erwarten?

1. Was ist der Versorgungsausgleich?

Durch den Versorgungsausgleich sollen die Rentenanwartschaften (z. B. Rente, Pension und betriebliche Altersversorgung), die während der Ehe erworben wurden, gleichmäßig zwischen den Ehepartnern verteilt werden. Er hat nichts mit dem Unterhalt zu tun. Die Frauen, die in der Ehe im Gegensatz zu ihrem Mann nicht versicherungspflichtig gearbeitet haben, bekommen durch den Versorgungsausgleich eine eigenständige Rentenanwartschaft (die Hälfte der Anwartschaft des Mannes). Die Frauen, die weniger Rentenanwartschaften als der Mann in der Ehe erworben haben, erhalten die Hälfte des Unterschiedsbetrages, so daß im Ergebnis beide aus der Ehe eine gleich hohe Anwartschaft mitnehmen.

In den Genuß der durch die Scheidung erworbenen Rentenanwartschaften kommen Sie jedoch erst, wenn die Voraussetzungen für die Zahlung einer Rente bei Ihnen erfüllt sind. Der Versorgungsausgleich gibt Ihnen, wenn Sie noch keine Rente beziehen, im Zeitpunkt der Scheidung und für die Zeit danach keine greifbaren Geldmittel auf die Hand. Sie sollten ihn jedoch als Scheck für die Zukunft nicht unterschätzen, weil er Ihnen einen eigenen, wenn auch meistens geringen Versorgungsanspruch sichert, den Ihnen niemand streitig machen kann.

2. Wie ist das Verfahren?

Über den Versorgungsausgleich wird grundsätzlich zusammen mit der Scheidung entschieden.

Vom Familiengericht erhalten Sie einen Fragebogen, den Sie sorgfältig ausfüllen müssen (Versicherungsnummer, Name und Anschrift der Firma, bei der Sie unter Umständen eine Betriebsrente zu erwarten haben usw.). Sie können sich – zur Beschleunigung des Verfahrens – beim Ausfüllen der Fragebögen helfen lassen, und zwar bei der für Sie zuständigen Versicherungsanstalt (z. B. BfA, LVA, die in allen größeren Städten Zweigstellen haben) oder den Versicherungsämtern bei den Gemeinden. Oft sind nämlich noch weitere Formulare auszufüllen, z. B. für Kontenklärung oder für die Berücksichtigung der Kindererziehungszeiten. Wenn alle erforderlichen Rentenunterlagen vollständig und so schnell wie möglich beim Gericht eingereicht werden, kann das Scheidungsverfahren erheblich beschleunigt werden.

Der von Ihrem Mann ausgefüllte Fragebogen wird Ihnen bzw. Ihrer Anwältin zugesandt. Prüfen Sie, ob Ihr Mann alles angegeben hat, vor allem ob er eine Aussicht auf Betriebsrente, eine Lebensversicherung auf Rentenbasis oder Zusatzversorgungen hat. Weisen Sie das Gericht oder Ihre Anwältin darauf hin, wenn etwas fehlt. Wenn Ihr Mann innerhalb der gesetzten Frist den Fragebogen nicht zurückgesandt hat, teilen Sie dem Gericht mit, was Sie über die Arbeitsverhältnisse Ihres Mannes (Arbeitgeber, Dauer der Beschäftigung, Versicherungsnummer, Krankenkasse) und eventuelle Versicherungsverträge wissen. Können Sie hierzu keine Angaben machen, besteht die Möglichkeit, daß Ihr Mann unter Androhung eines Zwangsgeldes auf die Auskunft verklagt wird, insbesondere darauf, daß er die Fragebögen ausgefüllt vorlegt. Das Verfahren kann sich ansonsten verzögern.

Ist alles vollständig, erhalten Sie die Berechnung der Rentenanwartschaften vom Versicherungsträger sowie den Versicherungsverlauf. Überprüfen Sie, ob die für die Rentenversicherung maßgeblichen Zeiten (Beschäftigungszeiten, Krankheit, Schwangerschaft, Arbeitslosigkeit) in dem Versicherungsverlauf zutreffend wiedergegeben sind.

3. Kann die Ehe vor Klärung des Versorgungsausgleichs geschieden werden?

Erfahrungsgemäß dauert es fünf bis sechs Monate, bis die Versicherungsträger den Versicherungsverlauf bearbeitet haben. Dies wird noch länger dauern, wenn Sie oder Ihr Mann unvollständige Angaben gemacht oder unvollständige Unterlagen eingereicht haben.

Nur in Ausnahmefällen besteht die Möglichkeit, bereits vor der Klärung des Versorgungsausgleichs geschieden zu werden. Das Familiengericht trennt dann auf Antrag Ihrer Anwältin das Verfahren über den Versorgungsausgleich ab.

Die Abtrennung erfolgt nur, wenn es für Sie unzumutbar ist, auf das Scheidungsurteil so lange zu warten, bis alle Auskünfte zum Versorgungsausgleich eingeholt worden sind. Sind Sie z. B. schwanger und wollen den Vater Ihres Kindes vor der Geburt heiraten, wird das Gericht Sie vorzeitig scheiden, ohne daß über den Versorgungsausgleich gleichzeitig entschieden werden kann.

4. Wie wird der Versorgungsausgleich durchgeführt?

Die meisten während der Ehe erworbenen Rentenanwartschaften können mit der Scheidung ausgeglichen werden (sog. öffentlich-rechtlicher Versorgungsausgleich), aber einige erst, wenn Sie beide im Rentenalter sind (sog. schuldrechtlicher Versorgungsausgleich).

Einfach ist es, wenn Sie und Ihr Mann nur bei öffentlichen Versicherungen versichert sind (z. B. LVA, BfA, Post, Bahn, Seekasse).

Beispiel:
Sie haben während der Ehe eine monatliche Rentenanwartschaft von DM 100,–, Ihr Mann eine von DM 200,– erworben. Dann überträgt das Gericht im Scheidungsfall von der Differenz zwischen DM 100,– und DM 200,– die Hälfte der Anwartschaften, also DM 50,–, auf Ihr Versicherungskonto. Der Betrag wird Ihnen gutgeschrieben, und Sie bekommen im Rentenalter DM 50,– Rente monatlich mehr und Ihr Mann DM 50,– weniger.

Hat einer von Ihnen noch eine Zusatzrente, etwa bei der Bahn oder Post, wird die Hälfte des auf die Ehezeit anfallenden Anteils ebenso ausgeglichen.

Schwieriger ist es, wenn nur oder zusätzlich noch *Betriebsrenten* auszugleichen sind.

Hat Ihr Mann eine Anwartschaft auf Betriebsrente, die schon unverfallbar ist (in der Regel, wenn er schon 35 Jahre alt und 10 Jahre im Betrieb ist), wird die auf die Ehezeit entfallende Betriebsrente in den Versorgungsausgleich einbezogen. Das Gericht rechnet den Betrag aus, der auf die Ehezeit entfällt, und rechnet ihn dann in eine entsprechende Rente um.

Ihren Anteil an der Betriebsrente Ihres Mannes bekommen Sie bis zu einem bestimmten begrenzten Betrag, zur Zeit DM 86,80, aus der gesetzlichen Rentenversicherung Ihres Mannes auf Ihr Rentenkonto gutgeschrieben. Ist Ihr Anspruch höher als DM 86,80, muß Ihr Mann den überschießenden Betrag ausgleichen, indem er eine Rentenanwartschaft für Sie in der gesetzlichen Rentenversicherung kauft. Dies kann für ihn mit erheblichen Barzahlungen verbunden sein. Für DM 100,– Rente monatlich müssen zur Zeit etwa DM 23000,– an die Rentenanstalt gezahlt werden.

Kann Ihr Mann den erforderlichen Betrag nicht aufbringen, so kann das Gericht ihm Ratenzahlungen bewilligen oder den Betrag stunden. Es kann auch den sogenannten schuldrechtlichen Versorgungsausgleich anordnen: ein Ausgleich findet dann erst statt, wenn Sie beide Rente beziehen. Auch hier gilt, daß Sie vor Beginn Ihres Rentenbezuges keinen unmittelbaren Vorteil von dem Ausgleich haben.

Besonderheiten gelten für *Beamte*. Sind Sie Beamtin und gegenüber Ihrem Ehemann ausgleichsberechtigt, werden nicht etwa Ihre Beamtenanwartschaften erhöht, weil dies bei Beamten nicht möglich ist. Dann wird für Sie ein Rentenkonto bei der BfA eingerichtet, auf das dann die auszugleichenden Rentenanwartschaften Ihres Mannes übertragen werden. Dies kann nur zu einer späteren Rente führen, wenn der Ausgleichsbetrag mindestens monatlich DM 160,– beträgt (dies entspricht der Erfüllung der Mindestwartezeit von 60 Monaten). Liegt der Ausgleich darunter, haben Sie keinen Vorteil. Dann muß bei Gericht der Antrag gestellt werden, daß der Betrag anderweitig ausgeglichen wird, z. B. durch Zahlung einer Abfindung oder durch Abschluß eines Lebensversicherungsvertrages.

Wenn das Gericht nicht mit der Scheidung den Ausgleich der Rentenanwartschaften vornehmen kann, z. B. weil eine

Betriebsrente noch nicht unverfallbar ist oder einer von Ihnen ausländische Rentenanwartschaften hat oder Ihr Mann nicht genügend Geld hat, um eine rentenähnliche Leistung in bar zu erbringen, wird das Gericht insoweit auf den *schuldrechtlichen Versorgungsausgleich* verweisen.

In den Versorgungsausgleich fallen nicht Lebensversicherungen auf Kapitalbasis und sogenannte Direktversicherungen; letztere sind Altersvorsorgeeinrichtungen, die vom Arbeitgeber abgeschlossen werden. Derartige Versicherungen können beim Zugewinnausgleich berücksichtigt werden.

Achtung:
Sie müssen – wenn Sie und Ihr Mann im Rentenalter sind – beim Familiengericht den Antrag auf Durchführung des schuldrechtlichen Versorgungsausgleichs stellen.

Dann haben Sie im Rentenalter eine Art Rentenanspruch gegen Ihren Mann, den Sie aber selbst durchsetzen müssen. Sieht der Betrieb eine Hinterbliebenenversorgung vor, können Sie den schuldrechtlichen Versorgungsausgleichsanspruch über den Tod Ihres geschiedenen Mannes hinaus gegenüber dem Betrieb geltend machen.

Ein *Verzichtsvertrag* vor Einleitung des Scheidungsverfahrens muß notariell beurkundet sein. Der Vertrag ist nur *wirksam*, wenn Sie mit der Einreichung des Scheidungsantrages nach Vertragsabschluß ein Jahr warten. Wird der Scheidungsantrag vor dieser Jahresfrist gestellt, wird der Vertrag unwirksam. Wenn Sie nachträglich gegen den Vertrag Bedenken bekommen, sollten Sie den Scheidungsantrag während der Jahresfrist einreichen.

Während des Scheidungsverfahrens kann der Verzicht entweder notariell oder vor Gericht mit zwei Rechtsanwälten vereinbart werden. Das Gericht muß die Vereinbarung allerdings genehmigen. Tut es das nicht, muß der Versorgungsausgleich durchgeführt werden. Einen bloßen Verzicht – ohne Gegenleistung – darf das Gericht nicht genehmigen. Sie können auch nicht vereinbaren, daß gesetzliche Rentenanwartschaften übertragen werden. Sie können aber beispielsweise anstelle der Übertragung von Rentenanwartschaften als Ausgleich die Übertragung eines entsprechenden Vermögenswertes (Geld oder Grundbesitz) vereinbaren. In jedem Fall sollten Sie sich aber über die beiderseitigen Versorgungsanwartschaften beraten lassen, unter Umständen sogar bei einem Rentenberater.

Eine schnellere Scheidung erreichen Sie jedoch durch einen solchen genehmigungspflichtigen Vertrag in den meisten Fällen nicht. Das Familiengericht besteht meist auf Einreichung der Fragebögen zur Erteilung der Rentenauskünfte, da es erst bei Vorliegen der Zahlen prüfen kann, ob die Versorgungen gleichwertig sind oder eine angemessene Absicherung zu erwarten ist. Hiervon ist dann die Genehmigung abhängig.

5. Verzicht auf den Versorgungsausgleich und andere Vereinbarungen

Bevor Sie auf den Versorgungsausgleich verzichten, sollten Sie sich beraten lassen, damit Sie wissen, worauf Sie ggf. verzichten.

Der Ausschluß des Versorgungsausgleichs hat automatisch die Gütertrennung ab Vertragsschluß zur Folge. Es endet dann die Zugewinngemeinschaft. Wenn Sie aber wollen, daß die Zugewinngemeinschaft trotz Verzichts auf den Versorgungsausgleich weiter bestehen bleibt, so muß dies ausdrücklich in den notariellen Vertrag aufgenommen werden.

Ein Verzicht auf den Versorgungsausgleich ist dann sinnvoll, wenn Sie Rentenanwartschaften in der gesetzlichen Rentenversicherung erworben haben, während Ihr Mann gar nicht (z. B. als Freiberufler) oder nur durch den Abschluß von Lebensversicherungen für sein Alter vorgesorgt hat. In diesem Fall wären Sie Ihrem Mann ausgleichspflichtig, denn die Lebensversicherungen (soweit sie Kapitalversicherungen sind) fallen nicht in den Versorgungsausgleich. Haben Sie während der Ehe gleich viel oder mehr als Ihr Mann verdient, kann ein Verzicht ebenfalls sinnvoll sein. Allerdings müssen Sie genau überprüfen lassen, ob Ihre Rentenanwartschaften tatsächlich so hoch oder höher als die Ihres Mannes sind oder ob Ihr Mann unter Umständen noch eine betriebliche Altersversorgung hat.

6. Wann wird der Versorgungsausgleich ausgeschlossen?

Wenn Sie der Meinung sind, daß die Durchführung des Versorgungsausgleichs *grob unbillig* wäre, können Sie bei dem Familiengericht beantragen, den Versorgungsausgleich ganz oder teilweise auszuschließen. Der teilweise Ausschluß bedeutet, daß das Familiengericht nicht den vollen Ausgleichsbetrag, sondern nur einen reduzierten überträgt. Gibt es irgendwelche Anhaltspunkte dafür, daß es in Ihrem Fall ungerecht ist, wenn Sie Rentenanwartschaften an Ihren Ehemann abgeben, teilen Sie die entsprechenden Tatsachen dem Gericht mit. Ob es grob unbillig ist, hängt davon ab, warum gerade Sie mehr Rentenanwartschaften als Ihr Mann erworben haben.

- Wenn Sie z. B. berufstätig waren, überwiegend die Kinder versorgt, die ganze Familie finanziell unterstützt haben, während Ihr Mann studiert hat, kommt ein Ausschluß oder eine Reduzierung des Versorgungsausgleichs in Betracht.
- Unbillig kann es in den Fällen der Gütertrennung sein, wenn Sie Rentenanteile erworben haben, während Ihr Mann als

Selbständiger seine Altersversorgung durch Lebensversicherungen abgesichert hat. In diesem Fall würden die Lebensversicherungen nicht ausgeglichen, da sie nicht in den Versorgungsausgleich fallen. Sie wären aber ausgleichspflichtig. Deshalb müssen Sie in diesem Fall beim Gericht einen Antrag stellen, daß der Versorgungsausgleich nicht durchgeführt wird.

- Wenn Ihr Mann Vermögen hat und dadurch seine Altersversorgung abgesichert ist, ist er nicht auf den Versorgungsausgleich angewiesen.
- Wenn Ihr Mann längere Zeit nicht zum Unterhalt der Familie beigetragen hat, obwohl ihm das möglich gewesen wäre, ist auch ein Ausschluß des Versorgungsausgleichs zu erwägen.
- Hat Ihr Mann Einfluß auf die Höhe seiner Rentenanwartschaften genommen, indem er z. B. kurz vor der Scheidung sich alle Einzahlungen aus einer betrieblichen Pensionskasse zurückerstatten läßt, kommt der Ausschluß des Versorgungsausgleichs ebenfalls in Betracht.

Darüber, ob und wie in diesen Fällen der Versorgungsausgleich zwischen Ihnen und Ihrem Mann stattfindet, entscheidet allein das Familiengericht. Sie haben nur die Möglichkeit, dem Gericht mitzuteilen, warum Ihrer Meinung nach der Versorgungsausgleich nicht oder nur herabgesetzt vorgenommen werden soll. Wie beim Verzicht wird das Familiengericht in der Regel trotzdem die Auskunft von den Versorgungsträgern einholen, um zu prüfen, welche Versorgungsanwartschaften erworben wurden.

7. Was ist nach der Scheidung zu beachten?

Es ist ratsam, sich nach der Scheidung beim Versorgungsträger oder beim Rentenberater zu erkundigen, ob Sie genügend Rentenanwartschaften für die Zahlung einer Rente angesammelt haben. Falls nicht, können Sie Rentenanwartschaften durch eine versicherungspflichtige Tätigkeit aufstocken.

Wenn mit dem Scheidungsurteil noch nicht alle Rentenanwartschaften ausgeglichen werden konnten, heißt es auch nach der Scheidung aufpassen. Bewahren Sie sämtliche Auskünfte und Berechnungen auf. Auch die Satzungen der Betriebsrentenkassen sind wichtig. Diese Unterlagen sollten Ihnen von Ihrer Anwältin ausgehändigt und gut aufgehoben werden.

Hat das Gericht Ihren Mann zu einer Ausgleichszahlung in der Rentenversicherung, z. B. wegen einer Betriebsrente, verpflichtet, ggfs. auch mit Raten (siehe vorstehend Abschnitt 4, Seite 174), müssen Sie von sich aus überprüfen, ob Ihr Mann diese Verpflichtung einhält. Unter Umständen müssen Sie aus dem Urteil vollstrecken oder entsprechende Anträge beim Familiengericht stellen. Zahlt Ihr Mann den Ausgleichsbetrag oder die Raten bis zu Ihrem Rentenalter nicht, können Sie dann statt dessen beim Familiengericht einen Antrag auf Durchführung des schuldrechtlichen Versorgungsausgleichs stellen. Dies gilt auch für alle anderen Fälle des schuldrechtlichen Versorgungsausgleichs, insbesondere wenn Ihr Mann inzwischen eine Betriebsrente bekommt, die bei der Scheidung noch nicht unverfallbar war und deshalb noch nicht ausgeglichen wurde (siehe vorstehend Abschnitt 4, Seite 174/175).

Wenn Sie oder Ihr Mann 55 Jahre alt sind oder einer von Ihnen Rente bezieht, kann die Versorgungsausgleichsentschädigung des Gerichts auf Antrag abgeändert werden. Die Entscheidung kann nämlich falsch geworden sein, weil die Rente

inzwischen anders bewertet wird (z. B. andere Rechtsvorschriften oder vorzeitiger Ruhestand).

Sie sollten aber auf jeden Fall, bevor Sie einen Antrag beim Gericht stellen, durch einen Rentenberater überprüfen lassen, ob sich der schuldrechtliche Versorgungsausgleich oder ein Abänderungsantrag wirklich zu Ihren Gunsten auswirkt.

10. Kapitel

Was sind die Besonderheiten in den neuen Bundesländern?

1. Gibt es überhaupt noch Unterschiede?

Acht Jahre nach der Deutschen Einheit bestehen im Familienrecht nur noch wenige Unterschiede, die in den neuen Bundesländern zu beachten sind. Sowohl die Gerichtsorganisation (Amtsgericht, Landgericht, Oberlandesgericht) als auch das Prozeßrecht (vor welchem Gericht setze ich meine Forderungen mit welchen Anträgen durch?) sind mit denen in den alten Bundesländern völlig identisch. Hier sind keine Unterschiede mehr zu beachten.

Im Beitrittsgebiet gelten im übrigen die gleichen Voraussetzungen für die Gewährung von Prozeßkosten- und Beratungshilfe wie in den übrigen Bundesländern. Das heißt, wenn Sie nicht in der Lage sind, die Gerichts- und Anwaltskosten aufzubringen, können Sie einen entsprechenden Antrag über die Anwältin stellen lassen. Die anfallenden Gerichtskosten und Anwaltsgebühren sind geringfügig niedriger als in den alten Bundesländern.

Im Hinblick auf die im Verfahren auftretenden komplizierten Rechtsfragen raten wir Ihnen dringend, eine Anwältin zu bevollmächtigen.

2. In der DDR geschieden – bekomme ich Ehegattenunterhalt?

Wurde Ihre Ehe nach DDR-Recht geschieden, haben Sie heute grundsätzlich keinen Unterhaltsanspruch mehr. Zu DDR-Zeiten hatte die Ehefrau nur selten einen Unterhaltsanspruch gegen ihren Mann und wenn, dann nur maximal für zwei Jahre. Eine Ausnahme besteht, wenn Ihr Mann vor dem 3. 10. 1990 in die alten Bundesländer übergesiedelt war.

Wenn Sie heute getrennt leben oder nach dem 2. 10. 1990 geschieden wurden, haben Sie wie die Frauen in den alten Bundesländern einen Anspruch auf Trennungsunterhalt bzw. später nachehelichen Unterhalt.

3. Wie ist der Kindesunterhalt zu bemessen?

DDR-Unterhaltstitel (z. B. Urteile oder gerichtlich protokollierte Vereinbarungen) haben heute noch Gültigkeit, sofern sie nicht durch Fristablauf (Eintritt der Volljährigkeit) oder durch bestimmte Ereignisse (z. B. Eintritt der wirtschaftlichen Selbständigkeit) ausgelaufen sind. Die meisten DDR-Unterhaltstitel wurden zwischenzeitlich auf Antrag gerichtlich abgeändert, da sich die wirtschaftlichen Verhältnisse und die gesetzlichen Grundlagen wesentlich geändert haben.

Wie in den alten Bundesländern wurden auch in den fünf neuen Bundesländern Tabellen zur Unterhaltsbemessung erstellt, die zum Teil – vor allem hinsichtlich des Selbstbehalts und der Ansprüche von in der Ausbildung befindlichen Kindern – voneinander abweichen. Die Tabellen beziehen sich, wie in der Düsseldorfer Tabelle, auf die Unterhaltsverpflichtung gegenüber einem Ehegatten und zwei minderjährigen Kindern.

Als Beispiel für die Höhe der Unterhaltsbeträge in den neuen Bundesländern haben wir im 3. Kapitel (siehe Seite 66) die Berliner Tabelle abgedruckt.

Nach wie vor problematisch sind die sogenannten «gemischten Ost-West-Unterhaltsfälle». Wenn das Kind in den neuen, der unterhaltspflichtige Vater hingegen in den alten Bundesländern lebt, ist der Unterhalt nach der am Wohnsitz des Vaters geltenden Unterhaltstabelle zu ermitteln, weil sich die Unterhaltstabellen am Einkommen des Unterhaltspflichtigen orientieren. Ein Abschlag wegen geringerer Lebenshaltungskosten kommt nicht in Betracht.

Wenn andererseits der unterhaltspflichtige Vater in den neuen, das Kind jedoch in den alten Bundesländern lebt, richtet sich zwar der Bedarf des Kindes nach der an seinem Wohnort geltenden Unterhaltstabelle, für den Selbstbehalt des unterhaltspflichtigen Vaters gelten dagegen wegen der niedrigeren Lebenshaltungskosten die am Wohnsitz im Beitrittsgebiet festgelegten niedrigeren Selbstbehaltssätze.

In den neuen Bundesländern treten häufig sogenannte *Mangelfälle* auf, d. h., der Vater kann wegen seiner geringen Einkommensverhältnisse nicht einmal den Mindestunterhalt für die minderjährigen Kinder zahlen.

In solchen Fällen müssen Sie sich unbedingt den Rat Ihrer Rechtsanwältin einholen.

Treten Mangelfälle auf, so kommt auch in den neuen Bundesländern das Gesetz über die Zahlung von Unterhaltsvorschuß zur Anwendung. Das für Sie zuständige Jugendamt am Wohnort gibt hierzu sicher gern nähere Auskunft.

4. Gibt es den Versorgungsausgleich?

In den neuen Bundesländern wird der Versorgungsausgleich seit dem 1. 1. 1992 durchgeführt, d. h., alle Rentenanwartschaften, die in der Ehezeit von beiden Partnern erworben wurden, werden hälftig ausgeglichen. Das ist für die Frauen in der Regel ein entscheidender Vorteil, da das DDR-Recht einen Versorgungsausgleich nicht kannte.

5. Hat sich das eheliche Güterrecht geändert?

Mit dem 3. 10. 1990 hat sich für fast jedes Ehepaar in den neuen Bundesländern der Güterstand kraft Gesetzes geändert. In der DDR lebten alle Eheleute bis auf ganz wenige Ausnahmen im gesetzlichen Güterstand der Eigentums- und Vermögensgemeinschaft. Das bedeutete z. B., daß alles, was ein Ehepartner während der Ehe von seinem Einkommen anschaffte, automatisch auch Eigentum des anderen Ehepartners – also gemeinschaftliches Eigentum – wurde.

Am 3. 10. 1990 ist an die Stelle der Eigentums- und Vermögensgemeinschaft (oder auch Errungenschaftsgemeinschaft genannt) die *Zugewinngemeinschaft* getreten, sofern die Parteien nicht die gesetzlich eingeräumte Möglichkeit nutzten, hiergegen bis zum 2. 10. 1992 durch notariell beurkundete Erklärung gegenüber dem Kreis- bzw. Amtsgericht Widerspruch zu erheben.

6. Was geschieht mit dem während der Ehe bis zum 2. 10. 1990 erworbenen gemeinschaftlichen Eigentum im Fall der Scheidung?

Der Zugewinnausgleich wird in den neuen Bundesländern genauso durchgeführt wie in den alten Bundesländern (vgl. 8. Kapitel, Abschnitt 2, Seite 156 ff.).

Erschwerend kommt bei den sogenannten «DDR-Ehen» noch hinzu, daß zuvor das gemeinschaftliche Eigentum auseinandergesetzt werden muß. Regelmäßig wird man davon ausgehen können, daß das gemeinschaftliche Vermögen jedem Ehegatten zur Hälfte gehört, falls nichts anderes vereinbart wurde. Das bis zum 2. 10. 1990 erworbene gemeinschaftliche Vermögen wird nach dem bisherigen Recht des DDR-Familiengesetzbuches auseinandergesetzt. Der so fiktiv berechnete Auseinandersetzungsanspruch ist als Anfangsvermögen (vgl. 8. Kapitel, Abschnitt 2, Seite 157 ff.) zu werten.

Für Grundstücke, die im gemeinschaftlichen Eigentum der Ehepartner stehen, wurde durch das «Gesetz zur Vereinfachung und Beschleunigung registerrechtlicher und anderer Verfahren vom 20. 12. 1993» ausdrücklich geregelt, daß gemeinschaftliches Eigentum von Ehepartnern zu gleichen Bruchteilen wird, falls nicht zwischen ihnen eine andere Vereinbarung getroffen wurde.

7. Was geschieht mit dem Mietvertrag?

Im Mietrecht zeigen sich auch acht Jahre nach der Wiedervereinigung im Verhältnis zum «Westrecht» noch Besonderheiten.

Nach dem Recht der DDR waren beide Ehepartner, auch wenn nur einer den Mietvertrag unterzeichnet hat, Mieter der gemeinsamen ehelichen Wohnung. Diese Regelung gilt auch weiterhin für alle vor dem Beitritt schriftlich abgefaßten Mietverträge. Auch wenn mit der Wiedervereinigung das Zivilgesetzbuch der DDR außer Kraft getreten ist, bleiben beide Ehegatten Mieter.

In diesem Zusammenhang sei auch auf die Besonderheiten der Kündigungsfristen für Kündigungen des Mieters hingewiesen. Ist im Altmietvertrag die Klausel enthalten, daß der Mieter jederzeit mit einer Frist von 2 Wochen schriftlich das Mietverhältnis kündigen kann, so gilt diese Vereinbarung auch weiterhin.

Anhang

Frauenberatung als Hilfe zur Selbsthilfe

Es hat sich herausgestellt, daß es vielen Frauen hilft, sich unabhängig von der Beratung bei einer Anwältin mit anderen Frauen zusammenzutun und ihre Situation zu besprechen. Aus diesem Bedürfnis heraus haben sich in einigen Städten Frauenberatungsgruppen gebildet. Diese machen es sich zur Aufgabe, anderen Frauen in der Scheidungssituation bei ihren Problemen und Schwierigkeiten zu helfen, sie bei Behördengängen zu unterstützen und sie über ihre Rechte zu informieren. Sie zeigen den Frauen, daß sie mit ihren Problemen nicht allein stehen, und machen ihnen Mut, das Scheidungsverfahren nicht nur zu beginnen, sondern auch durchzustehen. Gerade in der Umbruchsituation der Trennung vom Mann ist die Unterstützung der betroffenen Frauen auf dem Weg zu Selbstfindung, Selbstvertrauen, Selbständigkeit, Kritikfähigkeit notwendig und auch erfolgreich.

Für diese Beratungsgruppen soll unser Scheidungsratgeber ein Hilfsmittel sein. Wir halten es für wichtig, daß sich die beratenden Frauen auch mit den Rechtsfragen beschäftigen. Wenn die betroffenen Frauen ihre Rechte kennen, können sie selbstbewußter gegenüber ihren Männern, den Behörden, aber auch gegenüber ihrer Anwältin auftreten.

Es gibt ein Gesetz, das die Rechtsberatung durch Nichtjuristen verbietet. Aber kein Gesetz kann den Frauen verbieten, rechtliche Informationen auszutauschen. Diese Informationen können jedoch den Gang zur Anwältin zu einem späteren Zeitpunkt nicht ersetzen.

Adressen

Die aktuellen Adressen der autonomen Frauenhäuser erfahren Sie

1. für die alten Bundesländer bei der
ZIF (Zentrale Informationsstelle für autonome Frauenhäuser)
Effertsufer 104
57072 Siegen
Tel.: 0271/3356262

2. für die neuen Bundesländer bei der
Ost-Arbeitsgemeinschaft Frauenhäuser in den Neuen Bundesländern
c/o Autonomes Frauenhaus
Postfach 0236
10322 Berlin
Tel.: 030/5531505

3. bei den Landesarbeitsgemeinschaften bzw. Koordinationsstellen der autonomen Frauenhäuser:

Baden-Württemberg
Koordinationsstelle der autonomen Frauenhäuser Baden-Württemberg
c/o Barbara Buchloh
Postfach 233
73703 Esslingen
Tel.: 0711/371041
Mo 11–12 Uhr

Bayern
Landesarbeitsgemeinschaft autonomer Frauenhäuser Bayern
c/o Frauenhaus Schweinfurt
Postfach 1235
97402 Schweinfurt
Tel.: 09721/786030

Berlin
1. Frauenhaus Berlin, Verein zur Förderung des Schutzes mißhandelter Frauen e.V.
LAG
Postfach 330634
14176 Berlin
Tel.: 030/8263018
Fax: 030/8255917

Bremen
Frauen helfen Frauen e.V.
Bremer Frauenhaus LAG
Postfach 106751
28067 Bremen
Tel.: 0421/349573
Fax: 0421/3499856

Hamburg
Büro des 1. und 2. Frauenhauses
Haus für alle
Amandastr. 58
20357 Hamburg
Tel. siehe Stadtstaaten

Hessen
Landesarbeitsgemeinschaft der autonomen Frauenhäuser Hessen Frauenhaus e.V.
Postfach 1439
65534 Limburg
Tel.: 06421/23200

Nordrhein-Westfalen
Koordinationsstelle autonome Frauenhäuser NRW
Postfach 1405
58404 Witten
Tel.: 02302/52586
Fax: 02302/52506
Sprechzeiten: Di. 9–13 und Mi. 10–15 Uhr

Rheinland-Pfalz
Landesarbeitsgemeinschaft der autonomen Frauenhäuser Rheinland-Pfalz
c/o Frauenhaus Idar-Oberstein
Postfach 011264
55743 Idar-Oberstein
Tel.: 06781/1522

Stadtstaaten (Bremen, Hamburg)
Landesarbeitsgemeinschaft der autonomen Frauenhäuser in den Stadtstaaten
Frauenhaus Bremen

Postfach 10 67 51
28067 Bremen
Tel.: 04 21 / 34 95 73

Niedersachsen
KO-Stelle der LAG
Niedersachsen
c / o Frauenhaus Peine
Postfach 13 71
31203 Peine
Tel. und Fax: 0 51 71 / 5 55 57

Thüringen
Landesarbeitsgemeinschaft
der Frauenhäuser Thüringen
Frauenhaus Gera
Postfach 1 54
07505 Gera
Tel.: 03 65 / 5 13 90

Schleswig-Holstein
LAG Schleswig-Holstein
c / o Frauenhaus
Schwarzenbek
Postfach 11 61
21484 Schwarzenbek
Tel.: 0 41 51 / 75 78